JOHN R. TORRANCE

L'APPRENTISSAGE
ACCÉLÉRÉ
DÉCRYPTÉ

40+ TECHNIQUES D'EXPERT
POUR ACQUÉRIR DES COMPÉTENCES
ET AMÉLIORER SA MÉMOIRE

**Le guide détaillé des débutants pour réduire
votre temps d'étude de tout nouveau sujet**

TABLE DES MATIÈRES

INTRODUCTION

S i vous vous êtes déjà retrouvé dans une impasse alors que vous tentiez d'apprendre quelque chose de nouveau, vous êtes tombé sur le bon livre. Apprendre quelque chose de nouveau peut sembler être une tâche intimidante, surtout si l'on considère l'éventail de ressources qui existent sur le sujet. Avec la richesse des informations disponibles aujourd'hui, vous avez plus que jamais la possibilité de découvrir presque tout. Vous pouvez vous ruer sur votre ordinateur ou choisir un livre et apprendre tout ce que vous voulez. L'esprit humain dispose d'un potentiel illimité. Il y a cependant un hic : connaître les bonnes techniques qui vous aideront à accéder aux parties de votre cerveau qui travaillent en votre faveur plutôt que contre vous.

L'objectif de ce livre est d'aller au cœur même de l'apprentissage accéléré et de l'amélioration de la mémoire. Ce guide vous préparera à une nouvelle aventure d'apprentissage. Chaque chapitre s'appuie sur des principes éprouvés qui vous aideront à apprendre aussi rapidement et efficacement que possible. Il vous fournira une base solide pour vous lancer dans votre voyage d'apprentissage, vous permettant de comprendre le « pourquoi » de la théorie afin de mieux réussir. Il s'agit d'une feuille de route pour une action pratique et immédiate qui vous permettra d'obtenir des résultats concrets. En fin de compte, ce texte offre un certain équilibre. Il vise à combiner la théorie et la pratique de manière à vous donner la compréhension nécessaire pour atteindre les résultats que vous recherchez.

Ces mots vous aideront à stimuler vos pensées, à susciter des discussions et à vous conduire vers des actions positives. Comme pour de nombreux sujets, ce livre couvre les principes fondamentaux. Si vous souhaitez approfondir un chapitre, sachez qu'il existe de nombreux ouvrages qui vous permettront d'aller plus loin. Ce livre a pour but d'approfondir uniquement les aspects qui sont immédiatement pratiques pour vous en tant qu'apprenant. Il est toutefois libérateur de savoir qu'aucun d'entre nous (et certainement aucun livre) ne sera jamais en mesure d'expliquer ou d'enseigner tout le potentiel d'apprentissage que nous possédons en tant qu'êtres humains. Il y a tant de possibilités créatives pour l'apprentissage et pour la vie ; l'essentiel est que tout commence par ce premier pas décisif ! Plus vous attendrez pour faire ce premier pas, plus il vous faudra de temps pour enfin atteindre ce que vous avez toujours rêvé d'accomplir.

J'espère que vous vous engagerez à lire, et que vous prendrez cet engagement envers vous-même : concentrez-vous sur un chapitre à la fois. Cela vous permettra d'atteindre les objectifs que vous vous êtes toujours fixés, mais que vous n'aviez jamais pensé pouvoir réaliser. Je vous garantis que vous en êtes capable. Avec les outils, la concentration et l'éthique de travail appropriés, vous y arriverez, et je vous montrerai comment. J'espère que ce livre vous aidera à vous lancer, non seulement dans l'apprentissage d'une nouvelle compétence spécifique, mais aussi dans un voyage fascinant et sans limite, celui de l'apprentissage tout au long de la vie.

Chapitre un

Démystifier cinq idées reçues sur l'apprentissage

Vous avez parcouru tout ce chemin, dans la vie et dans votre carrière. D'une certaine manière, vous pensez peut-être en savoir assez. Vous pensez peut-être que vous savez déjà ce qui fonctionne pour vous lorsqu'il s'agit d'acquérir de nouvelles compétences et de retenir des informations. C'est vrai, du moins en partie. Vous avez des méthodes qui fonctionnent et qui vous ont permis d'arriver là où vous êtes dans la vie. Vous disposez d'une base d'apprentissage qui vous a bien servi. Cependant, il y a de fortes chances que vous soyez ici parce qu'il y a davantage de choses à connaître, à apprendre, et que vous souhaitez trouver une façon encore meilleure de le faire.

Indépendamment de ce que vous savez - ou de ce que vous pensez savoir - il existe également certaines idées fausses sur l'enseignement et l'apprentissage auxquelles la plupart d'entre nous ont été exposés et que nous portons, à certains égards, avec nous tout au long de notre vie . En ce sens, ce que vous avez construit au fil du temps comme étant votre compréhension de la manière dont vous apprenez peut être complètement erroné, ou, à tout le moins, incomplet.

Les recherches récentes sur l'apprentissage et la mémoire ont démontré que nos croyances et nos intuitions sur la manière dont nous apprenons sont le plus souvent absolument erronées. Les essais et les erreurs sont apparemment moins utiles d'un point de vue scientifique pour les formes d'apprentissage plus complexes, même s'ils ont pu l'être autrefois pour les techniques de survie de nos premiers ancêtres. En tant qu'êtres humains, nous sommes notoirement mauvais pour évaluer (ou prédire) nos propres performances. Nous avons tendance à penser que nous en savons plus qu'en réalité ! La compréhension réelle, pierre angulaire du véritable apprentissage, est plus souvent remplacée par notre impression de savoir quelque chose, fondée sur un sentiment de familiarité ou de facilité dans la manière dont l'information nous est présentée.

Les êtres humains naissent avec une incroyable capacité d'apprentissage et, le plus souvent, nous n'exploitons que très peu notre potentiel. Nous avons une capacité incroyable à apprendre une variété de sujets différents et à approfondir des domaines spécifiques.

Dans ce premier chapitre, je passerai en revue cinq des idées reçues les plus populaires sur l'apprentissage qui menacent de vous induire en erreur lorsque vous vous lancez dans votre nouvelle aventure d'apprentissage. En comprenant mieux ces idées reçues, vous serez en mesure d'analyser les erreurs que vous avez pu commettre dans le passé et les moyens de vous corriger tout au long de votre parcours d'apprentissage. Pour chaque idée reçue, je vous présenterai des méthodes d'apprentissage nouvelles et améliorées qui fonctionneront réellement et qui vous permettront de remplacer celles du passé.

Idée reçue n° 1 : les styles d'apprentissage sont essentiels à l'apprentissage

Vous avez peut-être entendu parler des styles d'apprentissage comme d'une méthode d'enseignement et d'apprentissage de nouvelles choses. De nombreuses personnes, y compris des éducateurs, pensent que les styles d'apprentissage sont propres à chaque apprenant et qu'ils peuvent être utilisés comme un outil pour la carrière académique et professionnelle d'une personne.

Le concept de styles d'apprentissage a fini par englober un grand nombre de contenus commerciaux et de ressources éducatives, en théorie pour aider principalement les enseignants dans la salle de classe. Il existe de légères variations dans les modèles et les schémas, et plus de soixante-dix d'entre eux au total. Chacun d'entre eux classe les apprenants dans une catégorie et fournit aux enseignants des outils pour évaluer les élèves et adapter les cours à chacun des styles désignés. L'influence de cette conception est considérable dans le domaine de l'éducation, de la maternelle aux études supérieures. De plus, ce concept nourrit une industrie prospère qui fournit des tests et des cahiers d'exercices aux écoles et aux organisations de développement professionnel.

Une étude récente indique que plus de 90 % du grand public pense qu'il apprendrait mieux si leur instruction se faisait à travers l'un des styles d'apprentissage désignés. Toutefois, cette opinion repose davantage sur ce qui a été qualifié d' « essentialiste » et de mode de pensée automatique que sur la preuve que ce type d'instruction produirait effectivement les résultats souhaités. Les partisans de cette approche affirment que l'apprentissage sera moins efficace (voire inefficace) si les apprenants ne reçoivent pas un enseignement qui tienne compte de leur style d'apprentissage. En d'autres termes, ils pensent que les styles d'apprentissage favoriseront de meilleurs résultats d'apprentissage. Au cours des dernières années, les chercheurs ont sérieusement remis en question le postulat selon lequel la méthode des styles d'apprentissage a des implications pratiques dans les contextes éducatifs. Dans une large mesure, les études suggèrent que les applications des styles d'apprentissage sont très peu valables et qu'il y a trop peu de preuves empiriques de leurs avantages.

D'un point de vue fondamental, les recherches actuelles ne permettent pas de justifier que les styles d'apprentissage constituent la meilleure façon d'enseigner et d'assimiler de nouvelles informations.. Les études qui disposent d'une méthodologie appropriée pour les tester (ce qui est rare) ont même montré que l'utilisation de cette technique peut avoir des résultats négatifs. En bref, les styles d'apprentissage sont largement reconnus, mais ne sont malheureusement pas encore étayés par des études scientifiques parce qu'ils ne donnent pas les résultats qu'ils promettent ; le modèle des styles d'apprentissage peut en fait nuire à l'éducation et à l'acquisition de nouvelles compétences.

Pensez-y de la manière suivante : si vous consacrez du temps et de l'argent à adapter votre apprentissage à une méthode particulière, vous négligez les autres méthodes d'apprentissage qui pourraient enrichir votre base de connaissances de manière plus holistique. Vous n'êtes pas seulement un apprenant visuel et rien d'autre. Comme pour beaucoup de choses, il peut s'agir d'un défaut vers lequel vous êtes attiré dans certains scénarios ou contextes, mais ce serait une limitation pour vous et votre capacité à apprendre de nouveaux sujets si vous deviez vous définir comme un apprenant uniquement visuel.

Que faire à la place ?

Les chercheurs ont mis en évidence des stratégies d'apprentissage davantage basées sur l'action, qui impliquent une approche personnalisée pour aborder de nouvelles compétences et de nouveaux sujets. Lorsque vous apprenez quelque chose de nouveau, il est préférable d'identifier l'approche optimale propre à chaque type de sujet et véritablement basée sur le sujet en particulier. Par exemple, si vous êtes professeur d'anglais et que vous devez élaborer un cours d'expression écrite, vous devrez mettre l'accent sur votre expression orale, tandis que la méthode la plus efficace pour enseigner la géométrie nécessitera des supports liés à des techniques d'apprentissage visuelles et spatiales. Différentes personnes apprendront toujours de différentes manières ; c'est peut-être la principale leçon que nous pouvons tirer du modèle des styles d'apprentissage. Ce qui vous sera le plus utile pour progresser dans votre apprentissage, c'est la manière dont vous appliquerez les différentes méthodes d'apprentissage aux différentes compétences que vous souhaitez acquérir. Si vous apprenez la musique, vous devez faire appel à votre style d'apprentissage auditif. Si vous voulez apprendre la peinture, vous choisirez votre style d'apprentissage visuel, et ainsi de suite. Plus vous serez agile en tant qu'apprenant, plus vous aurez de chances de réussir.

Considérez l'apprentissage comme une boîte à outils. Vous voulez avoir autant d'outils (styles d'apprentissage) que possible dans votre boîte afin de pouvoir choisir celui qui convient le mieux à une situation donnée. Pour reprendre l'exemple ci-dessus, il serait beaucoup plus judicieux d'accepter que vous êtes principalement attiré par l'apprentissage visuel, puis de renforcer votre capacité d'apprentissage auditif et kinesthésique (et ainsi de suite), afin que vous puissiez mieux vous positionner pour apprendre en fonction du contenu et du contexte, plutôt qu'en fonction d'une préférence habituelle. Vous pourrez ainsi mieux vous positionner pour apprendre en fonction du contenu et du contexte plutôt qu'en fonction d'une préférence habituelle. Ceci renforcera votre plasticité neuronale et vous permettra de vous adapter plus facilement à l'apprentissage de nouvelles choses. Retenez bien que le contenu est la clé de l'apprentissage.

Pour apprendre de nouvelles compétences, je suggère de travailler à rebours. Commencez par adapter votre stratégie d'apprentissage au contenu que vous étudiez au lieu de la baser sur le style. Si vous essayez d'améliorer vos compétences en lecture, la première étape consiste simplement à lire davantage, et à lire correctement. Prenez le temps de bien comprendre les mots que vous lisez, la syntaxe, la structure des phrases, la totalité du texte. Cela peut sembler fastidieux, mais le véritable apprentissage est basé sur le contenu que vous étudiez, et non sur une pratique standard dénuée de fondement. Vous visez un résultat, ce qui signifie que vous devez d'abord savoir où vous souhaitez aller, puis commencer à vous en approcher progressivement.

Des études ont également montré que l'utilisation de vos connaissances antérieures vous aidera à apprendre de nouvelles choses. Ce que vous savez déjà aura un effet important sur votre capacité à retenir de nouvelles informations. Lorsque nous établissons un lien entre des informations nouvelles et anciennes, une partie du cerveau associée à l'apprentissage est activée. Cela signifie que les apprenants peuvent construire des tremplins entre ce qu'ils savent et ce qu'ils ne savent pas encore, ce qui améliorera et accélérera leur capacité à assimiler de nouvelles informations. Si vous voulez vous améliorer en lecture, choisissez un sujet que vous connaissez assez bien ou qui vous intéresse. Pratiquiez-vous un sport à l'école ? Aimez-vous vous familiariser avec différentes géographies ? Choisissez un livre dont vous savez qu'il sera « plus facile » à lire afin de vous motiver à poursuivre votre apprentissage.

Rester motivé vous aidera à vous concentrer et à vous engager dans un nouvel apprentissage. L'apprentissage basé sur ce qui vous intéresse est utile parce qu'il s'appuie sur ce que vous voulez faire. C'est une façon de vous convaincre que vous aimez vraiment ce que vous apprenez. Comme pour toute chose, plus on s'amuse en la faisant, plus on a de chances de continuer à la faire.

Idée reçue n° 2 : la relecture et le surlignage t'aideront à apprendre

Imaginons que vous ayez une réunion importante à venir. Est-ce que la première chose que vous faites est de vous rafraîchir la mémoire sur les points à aborder ou de relire vos documents ? Avez-vous une liste d'éléments énumérés ? Ou peut-être mémorisez-vous les éléments à partager avec le groupe ? Quelle que soit votre approche, vous serez peut-être surpris d'entendre les statistiques sur ce qui fonctionne et ce qui ne fonctionne pas.

Le surlignage et le soulignage, en particulier, se sont révélés être des stratégies d'apprentissage assez inefficaces. Les recherches indiquent que cette approche est, en fait, une manière passive d'apprendre et qu'elle ne donnera probablement pas les résultats escomptés. Lire passivement le même texte encore et encore n'améliorera en rien votre compréhension ou votre mémorisation, à moins que cette lecture ne soit espacée dans le temps. Bien que ces pratiques soient courantes, elles n'offrent que très peu d'avantages au-delà de ce que permet la lecture du texte. Vous devez vous impliquer activement dans le document.

Certaines recherches ont même suggéré que le surlignage peut interférer avec l'apprentissage parce qu'il empêche le lecteur de synthétiser, de faire des liens et d'acquérir une compréhension globale. Il attire plutôt l'attention sur des faits individuels. Le surlignage ou le soulignage peuvent également être préjudiciables si les informations sélectionnées ne sont pas les bonnes. La relecture s'est également révélée au mieux inefficace, au pire distrayante et chronophage. Selon le niveau de compétence relatif de chacun, résumer ou écrire ses idées au fur et à mesure de la lecture s'est avéré plus utile que surligner ou souligner. Dans l'ensemble, tous ces exercices ont été jugés moins utiles à l'apprentissage par la communauté scientifique.

Pourtant, dans une étude menée par Ulrich Boser, auteur de *Learn Better : Mastering the Skills for Success in Life, Business, and School, or How to Become an Expert In Just About Anything,* plus de 80 % des personnes interrogées estiment que la relecture est une méthode d'apprentissage très efficace. À l'instar des croyances générales sur les styles d'apprentissage, l'opinion publique sur la relecture, le surlignage et le soulignage en tant que moyens d'apprentissage est davantage ancrée dans la pratique courante que dans les preuves empiriques.

Il est facile de penser que nous fonctionnons comme des ordinateurs, car notre cerveau sert en quelque sorte de disque dur pour notre fonctionnement mental. Cependant, nous sommes bien plus qu'une base de données qui recueille les différentes informations qui nous parviennent. En tant qu'êtres humains, ce n'est pas ainsi que fonctionne notre apprentissage. Boser constate plutôt que l'apprentissage est souvent une « forme d'action mentale » et soutient des méthodes d'apprentissage plus actives et engagées. Nous devons donner un sens au contenu que nous cherchons à apprendre, afin qu'il puisse s'intégrer dans nos systèmes mentaux en tant que compréhension plus large.

Que faire à la place ?

Contrairement aux pratiques plus familières telles que le surlignage et la relecture, les stratégies d'apprentissage actif sont les plus pertinentes et bénéficient d'un plus grand soutien, même si elles ne sont pas aussi connues. Par exemple, la pratique de l'étude distribuée est une tactique qui consiste à étaler les séances d'étude plutôt que de se lancer dans un seul marathon, communément appelé « bachotage ». Ce dernier peut vous aider à venir à bout d'une réunion ou à réussir un examen, mais vous n'en tirerez pas un apprentissage durable. Il est plus efficace d'étaler votre apprentissage à intervalles réguliers, ce qui vous permet d'assimiler le contenu. Des intervalles plus longs sont synonymes d'un apprentissage plus durable.

À plus court terme, au lieu de relire, de surligner ou de souligner les informations importantes, vous pouvez les transformer en un petit quiz. Cette stratégie plus active vous permettra de traiter et d'intégrer ce que vous apprenez. Vous pouvez le faire en vous demandant ce que l'auteur vous dit à la fin de chaque paragraphe, avec vos propres mots. Résumez sur le moment, puis comparez avec ce que vous savez déjà. En quoi cela ressemble-t-il à ce que vous avez lu auparavant ? En quoi est-ce différent ? Quel est le rapport avec d'autres documents que vous avez rencontrés sur ce sujet ? En commençant à donner un sens à ce que vous lisez, vous approfondirez votre potentiel d'apprentissage.

Idée reçue n° 3 : se concentrer sur un seul sujet à la fois

En règle générale, on nous a souvent dit qu'il était bon de pratiquer une compétence à la fois. Par exemple, si vous êtes un pianiste débutant, on vous dira peut-être de répéter les gammes avant les accords et d'en maîtriser un avant d'essayer d'en apprendre un autre. Si vous pratiquez un nouveau sport, on vous dira peut-être de décomposer l'apprentissage à raison d'un mouvement à la fois. Dans le domaine de la recherche, cela s'appelle le blocage et est considéré comme une pratique de bon sens et facile à suivre. C'est également la pratique d'enseignement dominante dans les écoles, ou encore dans les programmes de formation professionnelle.

En particulier lorsqu'il s'agit d'apprendre un sujet difficile, les gens croient généralement qu'il faut pratiquer une chose à la fois. Si vous apprenez à utiliser une nouvelle suite logicielle, ces personnes vous suggéreront de vous entraîner sur un programme par jour et sur un autre le lendemain, de manière à ce que vous puissiez vous concentrer sur la compréhension complète de chacun d'entre eux avant de passer à quelque chose de nouveau. Cependant, les recherches montrent que vous risquez davantage de confondre des informations similaires si vous étudiez une grande partie du même sujet en une seule journée. Le blocage en tant que technique d'apprentissage vous empêche de faire la distinction entre deux concepts similaires.

Réfléchissez-y. Lorsque vous rencontrez un ensemble de concepts (ou de termes ou de principes) qui sont similaires, vous avez plus de chances de les confondre. Vous pouvez confondre un mot avec un autre mot dont l'orthographe est similaire, ou choisir la mauvaise stratégie pour un problème de mathématiques parce que vous connaissez deux équations semblables. Vous commettrez plus fréquemment des erreurs si vous ne vous exposez qu'à un seul concept principal à la fois.

Que faire à la place ?

Une autre approche consiste à s'exposer à différents concepts en les imbriquant (ou en les mélangeant), de sorte qu'un concept soit suivi d'un autre. L'apprentissage parallèle de compétences ou de concepts connexes s'est avéré être un moyen étonnamment efficace d'entraîner votre cerveau. Il est plus efficace d'étudier plusieurs matières que d'en approfondir une ou deux chaque jour (surtout si vous bachotez). En mélangeant les matières, vous donnez à votre cerveau plus de temps pour consolider les nouveaux apprentissages. Communément appelé « effet d'entrelacement », ceci vous donne la possibilité de voir l'idée centrale ou d'avoir une vue d'ensemble car, en changeant de concept, vous avez une meilleure compréhension de la signification de chacun d'entre eux.

Ainsi, au lieu qu'un pianiste débutant ne pratique que les gammes, puis les accords et enfin les arpèges (comme dans le cas du blocage), l'entrelacement impliquerait d'alterner la pratique de tous ces éléments au cours d'une même journée. Des études ont montré que cette méthode mixte d'apprentissage a tendance à être plus performante que le blocage dans une variété de sujets, allant du sport à l'apprentissage catégoriel (comme les mathématiques). Plus récemment, une étude a même montré que l'entrelacement est bénéfique pour la pensée critique, car les étudiants formés à cette technique ont fait des évaluations plus précises que ceux qui utilisaient des techniques de blocage dans des scénarios d'apprentissage complexes.

L'effet d'entrelacement s'est également avéré avoir des effets durables sur l'apprentissage, car il renforce les connexions neuronales entre les différentes tâches et les réponses correctes, ce qui améliore l'apprentissage au fil du temps. L'apprentissage peut souvent sembler lent et difficile au début, mais cela signifie qu'il peut générer de meilleurs résultats à long terme. Vous avez moins de chances d'oublier ce que vous apprenez, car l'effet d'entrelacement améliore la capacité du cerveau à distinguer les concepts grâce à des séries d'exercices différentes les unes des autres. De cette manière, les réponses automatiques ne sont pas applicables, comme dans le cas du blocage où une fois que vous savez quelle solution convient, ou quel mouvement fonctionne, l'apprentissage est terminé et votre cerveau se désengage. L'entrelacement permet à votre cerveau de se concentrer consciemment sur la recherche de la bonne solution en fonction du contexte du problème. Ce processus peut vous aider à améliorer votre capacité à apprendre les caractéristiques essentielles de nouvelles compétences et de nouveaux concepts, afin que vous puissiez sélectionner et mettre en œuvre des réponses plus appropriées.

Idée reçue n° 4 : la règle des 10 000 heures

Le journaliste et auteur Malcolm Gladwell a popularisé l'idée de la « règle des 10 000 heures », selon laquelle il faut 10 000 heures de pratique délibérée pour devenir un expert mondial dans le domaine de son choix. Des recherches récentes vont à l'encontre de cette tendance, en suggérant que la quantité de pratique accumulée au fil du temps ne semble pas jouer un rôle majeur dans l'explication des différences individuelles de performance dans tous les domaines d'apprentissage, y compris la musique, le sport et l'enseignement professionnel (ou pour adultes). Bien que la pratique soit certainement essentielle lorsque vous apprenez une nouvelle compétence ou étudiez un nouveau sujet, il n'existe pas de nombre magique d'heures qui vous transformeront en expert ou vous amèneront au niveau de compétence d'un athlète ou d'un musicien professionnel.

En réalité, la pratique seule ne permet pas d'atteindre la perfection. Ce que l'on a appelé la « pratique délibérée » s'est avérée avoir moins d'influence sur le développement de l'expertise qu'on ne le pensait auparavant. Les chercheurs ont étudié la pratique délibérée afin de comprendre si les experts étaient « nés » ou « fabriqués », ou peut-être un peu des deux.

Dans l'ensemble, les études ont montré que la pratique délibérée est importante, mais pas autant que le prétendent ses défenseurs. Il existe une relation positive entre la pratique et la performance, ce qui signifie que plus les gens ont pratiqué, plus leur niveau de performance dans un domaine donné est élevé. La différence réside dans l'efficacité de la pratique. La pratique délibérée est très efficace pour des jeux comme le Scrabble ou les échecs, mais elle l'est moins pour le sport, la psychologie et d'autres sujets connexes.

Que faire à la place ?

La question importante à se poser pour aller de l'avant est la suivante : qu'est-ce qui compte en plus de la pratique ? Des chercheurs de l'université de Princeton soulignent que l'âge auquel une personne commence une activité, ainsi que des différences individuelles en termes d'aptitudes et d'implication dans l'apprentissage, expliquent les différences de performances entre les êtres humains.

Tandis que les chercheurs s'efforcent de déterminer pourquoi la pratique délibérée n'est pas la solution, vous pouvez concentrer votre attention sur le fait de ne pas vous convaincre qu'il existe un chiffre magique pour votre réussite. Ne vous culpabilisez pas en essayant d'atteindre un chiffre arbitraire qui pourrait ou non vous aider à atteindre votre objectif, et qui ne le fera probablement pas. Vous ne deviendrez pas un expert de cette façon, et vous vous épuiserez dans le processus.

Ce qui fonctionne le mieux n'est pas seulement une question de temps, c'est aussi la recherche de conseils et d'avis extérieurs. Ce type de retour d'information sera essentiel à votre apprentissage et vous aidera à vous responsabiliser. C'est pourquoi l'embauche de coachs ou de tuteurs peut s'avérer très bénéfique pour votre réussite.

Idée reçue n° 5 : vous avez une dominance cérébrale soit droite soit gauche

L'idée selon laquelle certaines personnes sont dotées d'un cerveau droit et d'autres d'un cerveau gauche existe depuis un certain temps déjà. Selon cette théorie, les personnes au cerveau gauche sont plus logiques, analytiques et méthodiques, tandis que les personnes au cerveau droit sont plus créatives et artistiques. Cette théorie est à la base d'une myriade de tests de personnalité, de livres de développement personnel et de quiz pseudo-psychologiques, mais une fois encore, elle n'est étayée par aucune science réelle. En réalité, il existe des connexions entre toutes les régions du cerveau qui permettent à l'homme d'avoir une pensée à la fois créative et analytique ; ces choses ne sont pas confinées d'un côté ou de l'autre.

Une étude récente de l'université de l'Utah a effectivement démenti cette idée reçue en analysant plus d'un millier de cerveaux. L'étude suggère que les gens ne préfèrent généralement pas utiliser le côté droit ou le côté gauche de leur cerveau. Au contraire, ils utilisent l'ensemble de leur cerveau de manière égale pendant toute la durée de l'expérience. Il est vrai que nous préférons un côté ou l'autre, là encore en fonction du contexte. Les scientifiques appellent ce phénomène la « latéralisation », c'est-à-dire le fait d'utiliser une région du cerveau plutôt qu'une autre selon la fonction spécifique requise. Par exemple, la parole provient du côté gauche du cerveau pour la plupart des droitiers, mais cela ne signifie pas que les grands écrivains ou orateurs utilisent le côté gauche du cerveau plus que le droit, ou qu'un côté est plus grand ou plus riche en activité neuronale.

Que faire à la place ?

Ne vous enfermez pas dans l'une de ces catégories trompeuses. Comprenez que nous utilisons tous l'ensemble de notre cerveau de la même manière et que le fait que notre cerveau soit connecté nous permet de penser de manière créative et analytique, en fonction de ce que nous apprenons. Concentrez-vous sur la manière dont vous pouvez acquérir les compétences ou l'expertise que vous souhaitez conquérir. Même si vous avez tendance à être plus analytique que créatif, ou vice versa, ce n'est pas parce que vous dépendez trop (ou pas assez) d'une région spécifique de votre cerveau. Vous ne vous aidez pas en essayant d'entrer dans une catégorie existante (et incorrecte) d'apprenant ou de penseur. Ce que vous voulez, c'est améliorer votre apprentissage de manière à renforcer votre capacité à être flexible et à assimiler de nouvelles informations de manière plus durable.

Résumé du chapitre

Les idées reçues sur l'apprentissage sont, telles qu'elles se sont infiltrées dans la pratique de la majorité, extrêmement nuisibles. La substance qui sous-tend ces croyances manque et nous induit en erreur lorsque nous abordons l'apprentissage de nouvelles compétences et de nouveaux sujets. Indépendamment de ce que vous essayez d'apprendre, vous devrez trouver une stratégie qui vous convienne. Vous vous autorégulez, ce qui signifie que vous devez établir vos propres règles d'étude. Vous êtes responsable de votre propre apprentissage, vous devez donc surveiller votre cognition, votre motivation, votre comportement et votre environnement d'apprentissage afin de rester organisé et concentré. Ce processus commence par la connaissance de ce qu'il ne faut pas faire, ce que je viens d'aborder. Dans le chapitre suivant, vous apprendrez les principes clés qui vous permettront d'établir des priorités et d'accélérer votre apprentissage.

Chapitre deux

Sept principes clés pour optimiser le processus d'apprentissage

Apprendre quelque chose de nouveau peut sembler difficile à première vue, et peut, effectivement, l'être. La bonne nouvelle, c'est que vous pouvez y remédier. Vous pouvez améliorer votre capacité d'apprentissage en développant une bonne stratégie qui vous conviendra et en suivant quelques règles de base qui vous aideront à accélérer votre processus d'apprentissage.

L'apprentissage accéléré n'est pas un concept nouveau et est utilisé par les éducateurs depuis des décennies comme moyen d'accélérer le rythme d'apprentissage des élèves. Pour obtenir les résultats d'apprentissage souhaités dans un délai plus court (par rapport aux pratiques d'enseignement conventionnelles), nous devons d'abord comprendre qu'il s'agit d'une approche holistique de l'apprentissage. Elle intègre un mélange de pédagogies d'enseignement et de théories psychologiques pour améliorer et accélérer l'apprentissage. Le plus important est peut-être la façon dont elle utilise l'état émotionnel et intellectuel de l'apprenant comme base de l'apprentissage. Elle s'appuie sur la motivation intrinsèque pour faire avancer l'apprentissage en se concentrant sur les besoins de l'apprenant, ses objectifs, ses conditions de vie, et ainsi de suite, de sorte qu'elle offre véritablement une approche pratique de l'apprentissage centrée sur l'être humain.

L'un des principaux experts de cette méthodologie est Dave Meier, qui a écrit *The Accelerated Learning Handbook : A Creative Guide to Designing and Delivering Faster, More Effective Training Programs*. Meier décrit l'apprentissage accéléré comme l'utilisation de la musique, des couleurs, de l'émotion, du jeu et de la créativité d'une manière qui implique l'ensemble de la personne dans son apprentissage afin de vivifier l'ensemble de l'expérience. Les principes présentés dans ce chapitre sont directement issus de son guide détaillé sur l'apprentissage plus rapide de nouvelles choses.

Je me concentrerai sur les sept grands principes qui résument les points forts du manuel de Meier, afin que vous puissiez comprendre comment votre esprit peut acquérir les connaissances que vous souhaitez. Chaque principe est issu d'études détaillées sur l'esprit humain et sur les principales méthodologies d'apprentissage. Vous pouvez utiliser ces principes pour développer des pratiques d'apprentissage plus substantielles qui mobiliseront l'ensemble de votre cerveau et optimiseront votre processus d'apprentissage. Une fois que vous aurez compris ces principes de base de l'apprentissage accéléré, vous serez en mesure de les intégrer correctement dans vos techniques d'apprentissage.

Mobilisez l'ensemble du corps et de l'esprit

L'apprentissage n'est pas seulement dans l'esprit ; c'est une combinaison de votre corps et de votre esprit, et le lien entre les deux. Cela signifie que vous devez utiliser tout votre être pour apprendre : votre esprit, votre corps, vos émotions et tous vos sens. La science nous a montré que l'utilisation de l'ensemble de notre cerveau est essentielle pour rendre notre apprentissage plus rapide, plus intéressant et plus durable. Le cerveau et le corps sont indissociablement liés. Bouger son corps, par exemple, peut améliorer de manière significative le fonctionnement du cerveau, et certains états cérébraux peuvent avoir un effet profond sur le corps.

Votre pensée, votre apprentissage et votre mémoire ne se trouvent pas uniquement dans votre tête, mais sont répartis dans tout votre corps. Dans son livre *The Molecules of Emotion*, Candice Pert explique qu'une grande partie de notre réflexion, de notre apprentissage et de notre prise de décision s'effectue en fait au niveau cellulaire et moléculaire. Il est donc troublant de constater que l'on nous enseigne presque toujours à séparer notre corps de notre esprit. L'apprentissage traditionnel se concentre sur des processus plus conscients ou rationnels, sur le cerveau gauche, ou sur des processus strictement verbaux. Il tend à ignorer les autres sens en créant des environnements d'apprentissage qui ne font pas appel au corps, ce qui inclut nos sentiments et nos sens. Dans un contexte d'apprentissage, le fait de bouger notre corps contribue à stimuler les substances chimiques essentielles à l'activation du réseau neuronal de notre cerveau. Cette forme d'apprentissage est appelée « l'apprentissage somatique » et désigne l'apprentissage tactile, kinesthésique ou pratique.

Les apprenants somatiques ont tendance à être désavantagés dans la culture occidentale parce que nos traditions éducatives tendent à ignorer le corps comme élément central de l'apprentissage. Nous avons toujours dit aux enfants de rester assis et d'écouter attentivement en classe, au lieu d'encourager l'exploration, le mouvement et l'apprentissage par l'activité. Il existe de nombreuses façons d'impliquer son corps dans l'apprentissage ; il n'est pas nécessaire que l'apprentissage soit uniquement, ni même principalement, physique. Il est toutefois important d'intégrer une certaine forme de mouvement corporel dans votre apprentissage de manière à alterner l'apprentissage physiquement actif et l'apprentissage physiquement passif.

Ne vous contentez pas de consommer : créez !

Meier écrit que la connaissance n'est pas seulement quelque chose que l'on absorbe, mais plutôt ce que l'on crée en tant qu'apprenant. L'apprentissage se produit lorsque vous intégrez pleinement de nouvelles connaissances en les appliquant d'une manière qui leur donne un sens particulier pour vous. Vous pouvez donner plus de sens à un contenu de base en lui conférant une nouvelle signification qui le rende pertinent pour vous. Cela se produit lorsque vous créez en vous de nouvelles connexions de réseau neuronal et de nouveaux modèles d'interaction au niveau moléculaire, en reliant différents concepts entre eux. Cela vous aidera à mettre en œuvre un nouveau processus de travail ou à créer une application plus pratique des connaissances nouvellement acquises.

Lorsque vous vous préparez à apprendre, vous devez veiller à adopter un état d'émerveillement naturel, proche de celui d'un enfant, afin d'exploiter votre capacité innée à apprendre. Cet état se caractérise par l'ouverture, la liberté, l'intrépidité, la joie et la curiosité. Lorsque vous éveillez votre sens de la curiosité, vous vous ouvrez à de nouvelles possibilités et à de nouveaux liens ; en fait, vous vous préparez pleinement à absorber et à traiter de nouvelles informations. L'apprentissage, tout comme la vie elle-même, stagnera s'il n'y a plus rien qui suscite la curiosité ou l'engagement. Stimulez votre curiosité en posant des questions sur le contenu que vous voulez apprendre et vous vous apercevrez que vous apprendrez et évoluerez d'une manière que vous n'auriez jamais imaginée. Si vous abordez votre apprentissage comme un problème ou une énigme, vous éveillerez votre curiosité et trouverez plus de motivation pour apprendre.

Vous pouvez également accéder à votre sens de la curiosité et le développer en utilisant le jeu comme moyen de s'engager dans un contenu d'apprentissage. Lorsque nous avons le sens du jeu, nous libérons des endorphines positives qui nous procurent de bonnes sensations et aident notre corps et notre esprit à s'engager dans ce que nous essayons de faire. En termes d'apprentissage, cela signifie que nous développons une intelligence créative qui stimule notre capacité à apprendre et à grandir.

Collaborez avec les autres

L'apprentissage traditionnel a créé une tendance à la compétition et à l'apprentissage individualiste empreint d'isolement. Les pédagogies d'enseignement et les universités ont historiquement embrassé l'individualisme et la lutte pour gagner et progresser, par opposition à une approche plus collective et collaborative de l'apprentissage et de l'interaction avec les autres. L'éducation a eu tendance à mettre l'accent sur la réussite individuelle par le biais d'une notation individuelle strictement basée sur les résultats des élèves, chacun étant en compétition pour obtenir les meilleures notes. En théorie, cela devait créer des individus autonomes qui travaillent de manière indépendante et en compétition les uns avec les autres, un facteur de motivation dont les éducateurs espéraient qu'il mènerait à une plus grande réussite individuelle. Toutefois, cette trop grande importance accordée à l'individualisme dans l'éducation empêche l'ensemble collectif d'être utilisé à son plein potentiel, ce qui signifie également que les apprenants individuels en pâtissent. L'isolement crée souvent un environnement de stress et tend à réduire la vitesse et la qualité de l'apprentissage. L'approche compétitive crée des cloisonnements entre les apprenants au lieu de créer des ponts à partir desquels il est plus facile d'obtenir des informations ainsi que des retours d'information informés et concrets.

La collaboration entre les apprenants améliore l'apprentissage. Travailler avec d'autres personnes nous engage dans un processus d'interaction qui crée une base sociale et un réseau de soutien. Cette base sociale favorise l'apprentissage car, en tant qu'êtres humains, nous sommes des apprenants sociaux. La collaboration entre apprenants, telle que l'apprentissage par le biais d'une communauté d'apprentissage, crée un espace permettant aux individus d'interagir réellement les uns avec les autres et avec le contenu, sans être distraits par la hiérarchie. La compétition indique qu'il y a un gagnant et un perdant, alors que la collaboration crée un environnement stimulant et compréhensif où l'apprentissage peut avoir lieu en toute sécurité et ouvertement. Il n'y a plus de compétition entre les apprenants plus lents et les apprenants plus rapides, ce qui crée inévitablement des voies de coopération qui contribuent à accélérer l'acquisition de compétences. Les apprenants peuvent ainsi réveiller leur intelligence sociale lorsqu'ils collaborent, ce qui, d'après les chercheurs, améliore considérablement l'apprentissage.

Trouver une communauté d'apprentissage authentique et collaborative, où chacun peut partager son expérience particulière ou les connaissances uniques qu'il a acquises, peut s'avérer un meilleur outil d'apprentissage que l'apprentissage isolé. Si vous avez essayé d'apprendre de manière isolée et que vous vous sentez épuisé, fatigué ou que vous avez l'impression d'obtenir des résultats mitigés, essayez de collaborer avec d'autres personnes qui s'intéressent également à votre domaine d'étude et voyez ce qui se passe.

L'apprentissage se fait à plusieurs niveaux et simultanément

L'apprentissage accéléré tente de remédier à la linéarité de l'apprentissage qui découle des méthodes d'enseignement traditionnelles et des fondements de la psychologie. Le béhaviorisme, en tant que science, cherche à expliquer le comportement humain de manière systématique, mais il a également introduit une vision du monde de l'apprentissage comme étant plus mécaniste et dissociée qu'inclusive et interconnectée. L'éducation formelle moderne est basée sur des apprenants séparés et déconnectés, ce qui crée une fragmentation du processus d'apprentissage. L'apprentissage est divisé en sujets distincts, les individus sont des apprenants distincts et, en tant qu'apprenants, on nous apprend à apprendre une seule chose à la fois.

Les chercheurs nous ont toutefois montré que l'apprentissage n'est pas linéaire, mais qu'il implique plutôt l'absorption de plusieurs choses à la fois. Un apprentissage efficace vous engage à plusieurs niveaux simultanément : consciemment, mentalement et physiquement. Les gens assimilent les connaissances avec tous leurs sens et avec tout leur être. Nous apprenons à plusieurs niveaux en même temps. Notre capacité d'apprentissage est tellement plus grande que ce que nos méthodes d'éducation formelle ont reconnu jusqu'à aujourd'hui. La conscience rationnelle de notre esprit n'est qu'une partie de notre capacité mentale ; nous utilisons d'autres fonctions cognitives telles que le traitement verbal, l'imagination créative et la stimulation visuelle pour faciliter notre apprentissage. Le cerveau ne fonctionne pas en séquence ; il traite les informations en parallèle et s'épanouit lorsqu'on le met au défi de faire plusieurs choses à la fois.

Lorsque vous utilisez plusieurs méthodes pour apprendre quelque chose, vous finissez par utiliser plus de régions de votre cerveau pour stocker des informations sur ce sujet. Les informations sont ainsi plus interconnectées et mieux ancrées dans votre cerveau, ce qui signifie que vous créez une redondance de connaissances dans votre esprit et ce qui vous permet d'apprendre réellement les informations plutôt que de les mémoriser.

Souvenez-vous des styles d'apprentissage présentés au chapitre un ? Essayez de mélanger différents types de styles d'apprentissage afin d'assimiler l'information de différentes manières. Pour ce faire, vous pouvez utiliser différents types de supports pour stimuler différentes parties du cerveau. Par exemple, vous pouvez lire des notes, lire un manuel, regarder une vidéo et écouter un podcast (ou un fichier audio) sur un sujet donné. Plus vous utiliserez de ressources variées, plus vous apprendrez rapidement.

Réalisez le travail avec un retour d'information

Nous savons, sans équivoque, que les gens apprennent mieux lorsque le contenu est ancré dans des contextes réels. L'apprentissage contextuel est non linéaire, expérimental, multicouche et fait appel à l'ensemble du cerveau. Notre cerveau est conçu pour assimiler des contextes entiers, et non une chose isolée à la fois. L'apprentissage non contextuel se fait pièce par pièce, de manière fragmentée et rappelle la pensée mécaniste du passé. Il nous apprend à réagir de manière robotique dans un cadre d'apprentissage étroit, mais nous laisse le plus souvent un sentiment d'insatisfaction et un manque de capacité à penser de manière critique.

L'apprentissage durable provient de la réalisation du travail lui-même, accompagné d'un retour d'information. Les informations applicables sont bien meilleures que les constructions hypothétiques ou les concepts abstraits. Les faits ou les compétences appris isolément sont plus difficiles à assimiler et s'évaporent plus rapidement de la mémoire. C'est en faisant le travail lui-même que l'on trouve les voies les plus riches pour apprendre dans un processus continu d'immersion, de retour d'information, de réflexion, d'évaluation et de ré-immersion. Nous apprendrons à chanter en chantant, à nager en nageant et ainsi de suite. En tant qu'apprenants, nous devons nous immerger totalement dans un sujet et l'axer sur des activités. Essayez de le rendre aussi authentique et basé sur le contexte du monde réel que possible, car l'expérience est le meilleur retour d'information. Cela vous permettra d'apprendre à plusieurs niveaux, d'impliquer l'ensemble de votre cerveau (et de votre corps) et d'inclure les sens dans votre apprentissage.

Réfléchissez à la manière dont vous pouvez créer un contenu significatif en rapport avec le sujet que vous voulez apprendre, puis traitez le nouveau matériel d'apprentissage d'une manière qui vous permettra de l'intégrer à vos connaissances, à votre ensemble de compétences et à votre sens de l'action existants. Si vous en avez le temps et les moyens, appliquez ce que vous avez appris. Trouvez des moyens d'obtenir un retour d'information de qualité de la part de personnes de confiance, réfléchissez à ce retour d'information et replongez-vous dans votre apprentissage.

Une petite mise en garde contre l'utilisation excessive de l'ordinateur : les ordinateurs ont tendance à être des machines d'apprentissage isolantes, bien qu'ils soient, dans une certaine mesure, utiles. Dans l'ensemble, ce sont des dispositifs d'isolement social qui nous séparent des autres et nous éloignent de l'apprentissage collaboratif. Et encore une fois, en tant que créatures sociales, les gens apprennent mieux non pas dans l'isolement, mais plutôt en interagissant avec d'autres dans un contexte réel.

Soyez positif

Des études ont montré les effets de la positivité, de la musique et du jeu comme moyens d'aider les gens à apprendre plus rapidement et plus efficacement. Le pouvoir des affirmations positives et des environnements favorables, en particulier, ne peut être sous-estimé. Nos émotions, comme l'ont montré des recherches approfondies, ont un effet profond sur la qualité de ce que nous apprenons et sur la manière dont nous le faisons. Repensez à certaines de vos expériences d'apprentissage antérieures et vous serez probablement en mesure de trouver des exemples de la façon dont cela s'est produit pour vous. Les sentiments positifs sont un catalyseur de l'apprentissage ; le fait de se sentir joyeux en apprenant un nouveau contenu accélère l'apprentissage. En revanche, les sentiments négatifs retardent l'apprentissage, voire l'interrompent complètement. Lorsque vos sentiments sont positifs et que vous êtes dans un état de détente et d'ouverture, vous êtes en mesure d'accéder aux niveaux supérieurs de votre cerveau. Lorsque vos sentiments sont négatifs et que vous êtes stressé, vous aurez tendance à utiliser les parties les plus superficielles et les plus reptiliennes de votre cerveau, qui sont davantage dédiées à la survie qu'à un traitement cognitif complexe. Il est très difficile d'apprendre dans cet état d'esprit.

Malheureusement, de nombreuses personnes ont des sentiments négatifs à l'égard de l'apprentissage. Elles associent peut-être l'apprentissage à des souvenirs impliquant de la douleur, du stress, des humiliations ou d'autres expériences négatives. Cependant, ces affirmations négatives (ou suppositions) doivent être confrontées à des affirmations positives, faute de quoi l'apprentissage sera entravé. Les suppositions, en général, ont tendance à colorer (voire à créer) notre expérience. En règle générale, les suppositions négatives conduisent à des expériences négatives et vice versa.

À l'approche de l'apprentissage de nouvelles compétences ou de nouveaux sujets, il est extrêmement important que vous vous concentriez sur un sentiment positif. Il ne s'agit pas d'avoir une confiance en soi facile, superficielle ou frivole. Un véritable discours positif est essentiel et s'enracine dans une attitude honnête et réaliste. Dites-vous ce qui est bien dans ce que vous faites et pourquoi. Qu'est-ce qui est précieux dans ce que vous essayez d'apprendre ? Que pourrez-vous accomplir une fois que vous l'aurez appris ? Soyez ouvert et honnête sur vos points forts et sur la manière dont ils vous aideront à atteindre vos objectifs d'apprentissage. Comme le dit Meier, « un sentiment positif à l'égard de l'expérience d'apprentissage est la première étape nécessaire de l'apprentissage ». Si vous vous sentez frustré, stressé, peu intéressé ou ennuyé, il est préférable pour votre apprentissage que vous fassiez une pause et que vous y reveniez lorsque vous vous sentirez plus motivé et plus positif.

Il est également important de tenir compte de l'environnement dans lequel vous apprenez. Tout comme votre environnement mental (ou attitude) et votre environnement social (ou scénario d'apprentissage collaboratif), votre environnement d'apprentissage physique joue un rôle dans la qualité de votre apprentissage, et chacun de ces facteurs s'alimente l'un l'autre. Pensez aux différentes salles de classe que vous avez fréquentées. Vous ont-elles donné envie d'y être ? Vous ont-elles donné envie d'apprendre et de progresser ? Les salles de classe traditionnelles ont toujours été, au mieux, décevantes. Si votre environnement physique d'apprentissage vous inspire des sentiments négatifs, cela peut avoir un impact sur votre attitude, laquelle affectera ensuite votre capacité à intégrer de nouvelles informations. Essayez, si vous le pouvez, de créer un espace d'apprentissage que vous aurez envie d'occuper. Cet espace doit susciter des sentiments de curiosité, d'inspiration et d'exaltation. Cela vous aidera à vous détendre et à vous donner de l'énergie pour votre apprentissage.

Le cerveau aime les contenus visuels

Ce que Meier appelle « le cerveau de l'image » fait référence à la manière dont notre cerveau préfère les stimulations visuelles parce qu'il absorbe les informations visuelles instantanément et automatiquement. Les images sont immédiatement mémorisables. La stimulation visuelle est plus facile à retenir parce qu'elle est concrète, alors que la stimulation auditive et verbale a tendance à être plus abstraite. En y réfléchissant, vous pouvez probablement vous rappeler, par l'image, de milliers de vos expériences préférées (et moins préférées). Si vous vous en souvenez si bien, ce n'est pas parce que vous vous êtes préoccupé de les mémoriser au moment où elles se produisaient ; votre cerveau de l'image l'a fait pour vous, dans l'instant, automatiquement et à plusieurs niveaux en même temps.

Des études ont montré que les cours qui intègrent l'imagerie dans l'apprentissage en classe tendent à produire des étudiants qui se souviennent mieux et retiennent mieux à long terme que les cours qui ne l'intègrent pas. Les taux de mémorisation et de rétention étaient encore plus élevés dans les classes qui utilisaient l'apprentissage collaboratif en plus de l'imagerie pour enseigner du contenu scientifique. Cette imagerie peut prendre diverses formes : graphiques et autres illustrations, moyens mnémotechniques ou histoires. En outre, vous pouvez toujours trouver votre propre méthode créative qui vous convient le mieux.

L'intégration d'images dans votre apprentissage est un moyen naturel d'apprendre quelque chose plus rapidement et avec une meilleure qualité. Si vous pouvez traduire des abstractions verbales ou auditives en images concrètes, vous aurez plus de chances de retenir ces informations et il vous sera plus facile de vous en souvenir par la suite. Les mots sont importants pour nous et font partie intégrante de l'enseignement. Toutefois, si vous pouvez associer des mots à des images, cela aura un effet beaucoup plus positif sur votre apprentissage.

Résumé du chapitre

Rappelez-vous que l'apprentissage se produit lorsque vous intégrez pleinement de nouvelles connaissances en les appliquant d'une manière qui leur donne un sens particulier pour vous. En tant qu'apprenants, nous devons exercer pleinement les parties de notre cerveau qui nous relient émotionnellement à un nouveau sujet pour obtenir des résultats optimaux. Cela signifie que vous devez faire preuve d'esprit critique lorsque vous naviguez dans de nouvelles informations, décider de la manière dont vous voulez aborder votre apprentissage et utiliser votre imagination pour vous engager dans l'acquisition de ces nouvelles compétences. Vous devez donc :

- ◆ Mobiliser l'ensemble de votre corps et de votre esprit.
- ◆ Créer plutôt que consommer.
- ◆ Collaborer avec d'autres personnes.
- ◆ Comprendre que l'apprentissage se fait à plusieurs niveaux.

- Réaliser le travail et demander un retour d'information.
- Avoir une attitude positive.
- Donner la priorité aux contenus d'apprentissage visuels.
- En définitive, ces principes vous aideront à tirer davantage de valeur de l'ensemble de l'expérience d'apprentissage. Maintenant que vous connaissez les principes dont vous aurez besoin pour envisager votre parcours d'apprentissage, le prochain chapitre se concentrera sur la manière dont vous pouvez structurer votre pratique d'apprentissage afin d'acquérir plus rapidement les compétences que vous souhaitez.

CHAPITRE TROIS

Acquérir de nouvelles compétences rapidement (et sans douleur)

L orsque vous apprenez une nouvelle compétence, le chemin qui mène à sa maîtrise peut vous sembler long et semé d'embûches. Vous pouvez parfois vous sentir impuissant, comme s'il était inutile de continuer d'essayer. La bonne nouvelle, c'est que ce n'est vrai que dans la mesure où vous le permettez. Il existe un moyen d'apprendre une nouvelle compétence rapidement et efficacement. Votre cerveau a tendance à vouloir que vous maîtrisiez les nouvelles choses le plus rapidement possible, ce qui peut entraîner de la frustration car vous pourriez vouloir sauter les étapes nécessaires à leur maîtrise réelle.

La rapidité avec laquelle vous pouvez développer une nouvelle compétence dépend avant tout de votre compréhension des étapes du processus d'acquisition de compétences. Si vous en comprenez les trois étapes, vous serez en mesure de progresser plus rapidement, car vous saurez où vous en êtes dans votre parcours d'apprentissage. Au fur et à mesure que vous progresserez, vous serez en mesure d'évaluer vos progrès avec plus de précision. Tout le monde passe par ces étapes, et le fait de savoir à quelle étape vous vous trouvez contribuera, en fin de compte, à accélérer votre apprentissage. Vous économiserez ainsi beaucoup d'énergie, de frustration et de désespoir. Les trois stades d'acquisition de compétences se situent sur un continuum d'apprentissage des compétences et vous font passer du stade de novice à celui d'expert. Il y a d'abord le stade cognitif, puis le stade associatif et enfin le stade autonome.

Le stade cognitif

Le stade cognitif est généralement caractérisé par des erreurs fréquentes car c'est le moment où l'apprenant doit réfléchir à la compétence et à la manière de l'exécuter. En tant qu'apprenant, vous êtes absorbé par les processus mentaux associés à la manière dont vous allez acquérir cette nouvelle compétence. Si vous êtes athlète, vous réfléchirez à la position de votre corps, aux muscles à mobiliser et à la forme que devrait prendre chaque étape du mouvement que vous souhaitez acquérir. À chaque étape, l'apprenant sera entièrement concentré sur l'exécution, ce qui se traduit généralement par des mouvements hachés et incomplets. Imaginez un enfant qui essaie d'apprendre un nouveau mouvement moteur. Cette situation est similaire à celle des apprenants adultes qui tentent d'améliorer une nouvelle compétence motrice : il y a beaucoup d'observation, de tentatives de mimétisme et probablement de la frustration face à leurs erreurs au fur et à mesure qu'ils en commettent. Il s'agit donc d'une étape critique au cours de laquelle l'apprenant bénéficiera d'un retour d'information fréquent. Un instructeur ou un coach devra fournir ce retour d'information ainsi que des démonstrations au cours de la phase cognitive de l'acquisition de compétences. Si vous apprenez par vous-même, vous devrez rechercher des vidéos ou d'autres éléments visuels qui vous montreront à quoi ressemble la compétence lorsqu'elle est bien réalisée. Décomposez-la en plusieurs sections de compétences que vous pourrez assembler progressivement au fur et à mesure de votre apprentissage.

Le stade associatif

Le stade associatif de l'acquisition de compétences est le moment où l'apprenant passe de la réflexion sur ce qu'il fait à la réflexion sur la manière dont il le fait. Cela signifie que vous ne pensez plus à la position de votre corps et à vos muscles, mais plutôt à l'endroit où vous dirigez votre mouvement. Où faites-vous la passe ? Quel est l'objectif final de votre mouvement ? Vous ne vous concentrerez plus sur la question de savoir si vous parvenez à faire le mouvement que vous voulez, mais plutôt sur ce que vous voulez accomplir en le faisant. Au cours de cette étape, le mouvement devient plus fluide et plus aisé car l'apprenant fournit son propre retour d'information au lieu de compter uniquement sur une aide extérieure. La plupart des apprenants commettront encore des erreurs au fur et à mesure qu'ils avancent dans le continuum d'acquisition de compétences. Toutefois, ces erreurs ne seront pas aussi importantes ou aussi fréquentes qu'au cours du stade cognitif de l'acquisition de compétences. Au fur et à mesure que vous progressez dans cette phase, vous continuerez à bénéficier d'un retour d'information immédiat sur votre performance et votre technique de la part d'une source bien informée. Cela vous aidera à faire des ajustements cruciaux et à commencer à augmenter la complexité du contexte dans lequel la compétence est exécutée. Par exemple, au lieu de frapper une balle de tennis depuis une position stable, vous pouvez demander à un partenaire de vous renvoyer des cibles mobiles, de manière à exploiter la totalité du terrain. À partir de là, vous aurez besoin d'une pratique fréquente et importante pour passer au stade autonome.

Le stade autonome

Le dernier stade, le stade autonome de l'acquisition de compétences, est celui où l'apprenant ne pense plus du tout à la compétence. À ce stade, le mouvement est naturel, fluide et intuitif. Vous pouvez maintenant vous concentrer sur d'autres aspects du mouvement, comme la personne à qui passer le ballon, l'endroit où vous vous déplacez après la passe, ou l'anticipation par rapport aux actions en cours. Un athlète autonome sait à quoi ressemble le mouvement et peut fournir son propre retour d'information de manière cohérente. Comme pour l'étape précédente, un retour d'information externe sur l'exécution de la compétence sera toujours bénéfique. L'entraînement d'un apprenant autonome se concentre généralement sur l'exécution de la compétence et avec plusieurs processus cognitifs accomplis simultanément. Cette étape de l'acquisition de compétences est celle de la maîtrise, au cours de laquelle les apprenants présentent des caractéristiques telles que le sens kinesthésique, une bonne anticipation, une constance dans la performance et une bonne technique. Vous serez capable de corriger vos propres mouvements, même en cours de route, lorsque vous vous adapterez à des mouvements opposés ou à certaines interférences environnementales. Vous serez en mesure d'exécuter la compétence de manière cohérente et en ne commettant que très peu d'erreurs.

Maintenant que vous en savez un peu plus sur les trois étapes du processus d'acquisition de compétences, pensez à quelque chose que vous avez l'intention d'apprendre telle qu'une nouvelle compétence ou un nouveau talent. Peut-être y a-t-il des objets éparpillés dans votre maison, qu'il s'agisse d'un manuel ou d'une guitare dont vous voulez apprendre à jouer. Ces objets vous rappellent peut-être un projet potentiel abandonné qui vous enthousiasmait tellement qu'aujourd'hui vous ressentez une véritable douleur en vous rappelant que vous avez abandonné l'idée de l'acquérir. Vous avez peut-être même réessayé, pour échouer une nouvelle fois.

Lorsque vous envisagez les étapes du processus d'acquisition de compétences ci-dessus, vous devez comprendre que vous n'avez jamais franchi les étapes les plus douloureuses : les étapes cognitive et associative. Vous êtes encore un débutant, vous êtes donc resté bloqué en commettant des erreurs et, par conséquent, vous avez abandonné. Votre cerveau est en fait conçu pour vous protéger de la douleur au cours des deux premières étapes. Il veut passer tout de suite à l'étape autonome où vous avez déjà maîtrisé la compétence, ou du moins où vos compétences ont atteint un plateau. N'oubliez pas qu'il s'agit de quitter votre zone de confort. Vous devez vous surpasser au-delà de ce à quoi vous êtes habitué, alors tenez bon. Vous en êtes encore aux premiers stades de l'apprentissage et vous pouvez éviter certaines des difficultés liées à la croissance.

Le temps est une ressource précieuse pour chacun d'entre nous, c'est pourquoi j'ai inclus certaines des principales recherches sur l'acquisition rapide de compétences. Josh Kaufman a défini des principes clés pour y parvenir dans son livre *The First 20 Hours* (nous reviendrons sur ce concept dans le prochain chapitre). Les six recommandations suivantes vous aideront à apprendre les bases de n'importe quel domaine en moins de temps. Voici comment y parvenir.

Choisissez un projet passion

Réfléchissez à ce qui vous passionne le plus. Qu'est-ce qui vous donne un sens ? Est-ce la conception pour l'accessibilité ? Devenir un grand leader ? Où trouvez-vous du plaisir ? Est-ce que c'est faire vivre à vos clients une expérience formidable ? Fournir d'excellents produits ? Acquérir rapidement des compétences consiste à trouver et à développer de nouveaux points forts en quittant sa zone de confort. Ainsi, si vous essayez d'acquérir une nouvelle compétence, vous devez quitter votre zone de confort. Cela signifie que vous abandonnez vos anciens points forts pour vous concentrer sur le développement de nouveaux. Lorsque vous choisissez un projet qui vous passionne, demandez-vous ce qui donne du sens à votre vie et quelles activités vous procurent du plaisir. Élaborez un schéma visuel qui vous aidera à identifier ces ingrédients nécessaires. Vous pouvez même dresser un bilan de vos points forts actuels afin d'avoir une idée précise de ce que vous aimeriez développer.

Lorsque nous choisissons quelque chose qui nous intéresse, nous avons la discipline nécessaire pour franchir les étapes cognitives et associatives du processus d'acquisition de compétences, pour consacrer le temps et les efforts nécessaires à l'acquisition de ces compétences et pour atteindre la ligne d'arrivée. Une fois que vous savez pourquoi vous êtes passionné par ce projet que vous aimez, vous pouvez planifier en fonction de celui-ci. Fixez des objectifs pour votre réussite. Recherchez et acquérez l'équipement et les ressources dont vous aurez besoin pour votre apprentissage. Ensuite, planifiez votre emploi du temps en fonction de la voie que vous avez choisie. Organisez-vous et préparez-vous au chemin qui vous attend.

Concentrez vos efforts sur une compétence à la fois

Vous ne disposez que d'un nombre limité d'heures chaque jour, et l'apprentissage d'une nouvelle compétence peut s'avérer difficile. Si vous essayez de répartir votre temps limité et vos ressources cognitives entre l'apprentissage de diverses compétences, vous risquez de vous épuiser. Malheureusement, les personnes qui s'épuisent n'apprennent pas très vite. Lorsque le monde évoluait à un rythme plus lent, le multitâche était une compétence précieuse à faire valoir. Aujourd'hui, cependant, il est prouvé qu'il fait de vous un individu moins efficace et un apprenant moins performant. Si vous essayez d'accomplir deux tâches ou plus en même temps, votre productivité diminuera de 40 %. Rappelez-vous que, tout comme vous devez éviter le multitâche au travail, vous devez absolument l'éviter lorsque vous vous consacrez à l'apprentissage d'une nouvelle compétence. Vous devez vous immerger dans votre processus d'acquisition de compétences afin d'atteindre votre potentiel de compétences.

Il est probable que vous souhaitiez acquérir de nombreuses compétences différentes, mais la première étape importante d'une acquisition rapide de compétences consiste à choisir celle sur laquelle vous allez vous concentrer en premier. Commencez par dresser une liste de toutes les compétences qui vous intéressent, puis choisissez celle qui vous intéresse le plus en ce moment. Cette passion vous aidera à rester motivé tout au long de votre entraînement. Bien qu'il puisse être tentant d'essayer de se plonger dans plusieurs compétences en même temps, vous devriez concentrer toute votre énergie sur l'apprentissage d'une seule compétence à la fois. Par exemple, vous avez peut-être été tenté de combiner l'apprentissage du codage Python avec l'apprentissage de l'espagnol ou encore du marketing par moteur de recherche avec du montage vidéo. Des études ont montré que ce n'est pas ainsi que vous acquerrez le plus rapidement une nouvelle compétence. Vous devez utiliser votre temps à bon escient lorsque vous essayez d'apprendre quelque chose de nouveau, car vous n'avez peut-être qu'une heure par jour à y consacrer. N'essayez pas d'apprendre plusieurs choses à la fois, car vous progresserez beaucoup plus lentement, ce qui ne vous motivera pas à continuer.

Déterminez votre niveau de performance cible

Quel niveau de compétence voulez-vous vraiment atteindre ? Une fois que vous avez décidé que vous êtes obsédé par l'apprentissage de cette nouvelle compétence, vous devez désormais décider à quel point il est important pour vous d'être excellent dans ce domaine, et à quel point vous voulez l'être. Voulez-vous être un expert de haut niveau ou voulez-vous simplement être suffisamment bon ? Pour les compétiteurs acharnés, la réponse sera toujours « je veux être le meilleur » Toutefois, il est tout à fait possible de connaître les bases et de vous en contenter si ce n'est qu'un loisir pour vous. Si vous voulez jouer au football principalement pour socialiser et que vous savez que vous pouvez vous débrouiller sur le terrain, c'est parfait. Ce principe dépend entièrement de vos préférences et de la place que vous souhaitez occuper.

Décomposez vos compétences en sous-compétences

Commencez par définir et maîtriser des sous-compétences sur lesquelles vous pourrez vous appuyer. Cela vous aidera à visualiser votre réussite en matière d'apprentissage. La planification est essentielle à cet égard, car si vous n'avez pas de plan ou de vision de ce que sera votre réussite, vous resterez bloqué dans les principes préliminaires en vous demandant quand vous y parviendrez. Une nouvelle compétence est rarement une chose unique à réaliser. Il y a des tactiques que vous pouvez utiliser pour décomposer et déconstruire en parties distinctes la compétence que vous essayez d'apprendre. Vous pouvez ensuite ordonner ces parties d'une manière qui vous permettra d'atteindre votre objectif de performance aussi rapidement que possible.

Munissez-vous des outils adéquats pour optimiser vos compétences

Parfois, lorsque nous apprenons quelque chose de nouveau, nous nous jetons à l'eau sans faire les recherches nécessaires. Si vous voulez apprendre une nouvelle langue, il y a de fortes chances que vous ne trouviez pas gratuitement les meilleures ressources pour vous aider à le faire. Si vous voulez vraiment apprendre à jouer de la guitare, vous aurez certainement besoin d'une guitare et, très probablement, de cours de guitare. Cela signifie que vous devez vous assurer de budgéter votre processus, comme vous le feriez pour toute autre décision importante de votre vie. Vous voulez être sûr d'avoir les bons outils pour réussir. De quoi aurez-vous besoin à chaque étape pour y parvenir ? Par ailleurs, qu'est-ce qui vous empêchera d'avancer ou constituera un obstacle à votre apprentissage ? Identifiez les ressources nécessaires et les obstacles potentiels que vous pourriez rencontrer.

La quantité au détriment de la qualité

À mon avis, il s'agit du principe le plus important pour acquérir de nouvelles compétences le plus rapidement possible. On nous a dit à maintes reprises de privilégier la qualité à la quantité, ce qui peut être vrai dans certaines circonstances, par exemple lorsqu'il s'agit de se faire des amis ou d'acheter moins d'objets. En ce qui concerne l'acquisition rapide de compétences, c'est exactement le contraire. Avant d'entamer chaque session d'apprentissage, vous devez comprendre que vous n'êtes pas un expert et que vous ne le serez pas avant un certain temps. Vous devrez vous efforcer d'être moins critique à l'égard de vos performances d'une session à l'autre. Vous devez vous rendre compte que vous progressez lentement. Entraînez-vous autant que vous le pouvez, en bénéficiant d'un retour d'information régulier. Restez motivé et impliqué. Planifiez votre programme d'entraînement de manière à consacrer du temps à ce que vous avez à faire. Cela vous obligera à consacrer les heures nécessaires pour atteindre vos objectifs de performance. Essayez également de vous entraîner à la même heure pour plus de cohérence, ce qui vous aidera à persévérer.

Résumé du chapitre

Vous connaissez maintenant les trois étapes du processus d'acquisition de compétences (cognitive, associative et autonome) ainsi que mes principales recommandations sur la manière d'apprendre les bases de toute nouvelle chose en moins de temps. Ces recommandations sont les suivantes :

♦ Choisir un projet qui vous passionne pour vous donner plus de discipline et de motivation.

♦ Concentrer vos efforts sur une seule compétence à la fois pour atteindre votre plein potentiel d'apprentissage.

♦ Déterminer votre performance cible pour avoir des attentes réalistes en matière d'apprentissage.

♦ Décomposer votre compétence en sous-compétences pour qu'elle soit plus facile à atteindre.

♦ Identifier les outils appropriés pour votre réussite et les obstacles qui s'y opposent.

♦ Pratiquer autant que vous le pouvez avec un retour d'information constant.

Si vous donnez la priorité à l'apprentissage d'une nouvelle compétence en vous inspirant de ces points, vous serez sur la voie de la réussite. Dans le prochain chapitre, vous apprendrez comment aborder au mieux les vingt premières heures de votre apprentissage, lesquelles sont aussi les plus importantes.

CHAPITRE QUATRE

Les vingt premières heures

Comme mentionné précédemment, Josh Kaufman est un expert reconnu en matière d'apprentissage rapide qui a proposé vingt heures comme chiffre magique pour l'apprentissage d'une nouvelle compétence. Les six principes que je viens de présenter sont essentiels pour un nouvel apprenant et doivent être pris en compte tout au long de ce parcours d'apprentissage de vingt heures. Selon Kaufman, tout le monde se heurte à un mur au début de la phase d'apprentissage rapide. En s'engageant au préalable à consacrer vingt heures à l'apprentissage, les nouveaux apprenants disposeront d'un moyen sûr de franchir ce mur et d'acquérir une nouvelle compétence. Cela ne signifie pas nécessairement que vous deviendrez instantanément un maître dans une nouvelle compétence, mais plutôt que vous atteindrez un niveau de compétence plus élevé plus rapidement et plus sûrement.

Les premières heures d'apprentissage sont toujours les plus difficiles, et c'est là que la plupart des gens abandonnent. Il est toutefois essentiel d'aller au bout des vingt premières heures de pratique, quelles que soient les difficultés rencontrées. Une fois que vous aurez passé le cap des vingt premières heures, vous aurez acquis une bonne dose de pratique, de sorte que la pratique suivante ne sera pas aussi difficile. Voici mes recommandations sur la manière d'aborder les vingt premières heures de pratique d'une nouvelle compétence.

Commencez par fixer votre objectif

Tout d'abord, déterminez le niveau de compétence que vous souhaitez atteindre. J'ai brièvement parlé de la définition de votre niveau de performance cible dans le dernier chapitre. Maintenant, réfléchissez vraiment au niveau que vous souhaitez atteindre et à la manière dont vous voulez y parvenir. L'une des idées clés des 20 premières heures est de commencer par déterminer le niveau de compétence que vous souhaitez atteindre. Une fois que vous avez une idée, vous le décomposerez en étapes plus petites pour y parvenir.

Par exemple, supposons que vous souhaitiez devenir un bon rédacteur en marketing parce que vous devez rédiger un courriel pour conclure un marché avec un client potentiel important. Vous n'avez pas besoin d'étudier la rédaction en profondeur et dans son intégralité. Vous pouvez plutôt vous pencher sur les meilleures pratiques en matière de rédaction d'e-mails de vente. Vous pouvez déterminer les étapes et les éléments dont vous aurez besoin pour rédiger l'e-mail parfait dans le cadre de ce scénario. Élaborez un plan. Commencez par étudier comment rédiger des lignes d'objet, puis comment personnaliser correctement vos courriels, et enfin le ton et la voix appropriés. Vous pouvez peut-être même étudier des suggestions sur la façon d'éviter d'atterrir dans les courriers indésirables ainsi que quelques principes d'influence pour vous assurer que votre courriel convertisse ce client potentiel. Vous pouvez également rechercher différents modèles que vous pourrez ensuite adapter à votre usage.

Gardez à l'esprit qu'en vous fixant un bon objectif, vous avez plus de chances de réussir à acquérir la compétence que vous vous êtes fixée. Le fait de partager votre objectif avec un ami peut vous aider à vous responsabiliser. Le fait que votre apprentissage ait une implication sociale vous aidera à rester motivé tout au long du chemin qui vous mènera à la réalisation de votre objectif. L'apprentissage en groupe présente également d'énormes avantages. Vous souvenez-vous de l'apprentissage collaboratif ? Lorsque vous apprenez en groupe, non seulement vous pouvez apprendre des autres, mais vous êtes également encouragé à progresser ensemble. Qu'il s'agisse d'un club d'échecs, d'un groupe de réflexion ou d'un groupe de rencontre en ligne, essayez d'entrer en contact avec d'autres personnes partageant les mêmes idées, ne serait-ce que pour bénéficier d'un retour d'information et d'un soutien.

Déterminez les ressources dont vous avez besoin

Puisqu'il s'agit d'apprendre une nouvelle compétence en vingt heures, il est important de déterminer ce dont vous aurez besoin pour commencer. Comment rester concentré ? Vous devrez vous efforcer de limiter les distractions et vous assurer que vous disposez des outils dont vous avez besoin pour apprendre et réussir dans la compétence que vous souhaitez acquérir. Bien que cette étape puisse sembler simple, il est extrêmement important que vous la réalisiez avec soin et correctement. Commencez par déterminer quels types de matériel et d'environnement - voire d'outils ou d'applications - pourront vous aider à acquérir cette nouvelle compétence. Peut-être avez-vous simplement besoin d'un stylo, de papier et d'un surligneur pour marquer des passages dans des manuels. Peut-être préférez-vous automatiser vos sessions d'apprentissage en rassemblant des références en ligne et en les lisant sur votre tablette. Par ailleurs, vous préférez peut-être apprendre dans de grands espaces, en plein air ou dans un parc, ou encore dans le confort de votre propre maison, en écoutant de la musique ou près de votre fenêtre préférée.

Tout en veillant à ce que l'environnement dans lequel vous vous trouvez soit propice à vos progrès en matière d'apprentissage accéléré, vous devez prendre soin d'abandonner les réseaux sociaux et les distractions connexes, y compris la tentation de consulter vos messages ou vos courriels. Comme le dit le proverbe, « loin des yeux, loin du cœur ». Avant de vous installer pour vous entraîner ou étudier, assurez-vous que toutes les distractions potentielles sont loin de votre vue. Vous pouvez planifier à l'avance un endroit spécifique pour l'apprentissage, sans télévision, sans amis bavards ou autres tentations. Le fait de prendre le contrôle de votre environnement ne signifie pas nécessairement que vous devez toujours travailler seul. Parfois, travailler avec des amis dans des groupes d'étude peut être un moyen utile d'influencer votre environnement.

Une fois que vous avez défini votre environnement idéal, vous pouvez passer à l'identification des obstacles potentiels ou des barrières qui peuvent interférer avec votre processus d'apprentissage et travailler à les éliminer. Vous devez créer un environnement sans distraction afin de pouvoir vous concentrer sur votre apprentissage. N'oubliez pas que votre cerveau cherche des raccourcis et des excuses pour ne pas s'exercer. Il essaiera de faire marche arrière devant n'importe quel obstacle parce que vous en êtes aux premiers stades de l'apprentissage, ce qui peut être douloureux. Vous devez vous efforcer d'éliminer ces obstacles. Si vous apprenez à jouer de la guitare, laissez-la au milieu de votre chambre pour que vous la voyiez constamment et que cela vous rappelle votre engagement à vous entraîner. Il faut que ce rappel soit aussi évident que possible pour que vous ne puissiez pas l'éviter.

Vous devez également essayer d'anticiper les obstacles émotionnels. Par exemple, vous commencez peut-être à vous sentir dépassé ou anxieux. Rappelez-vous qu'une attitude positive favorise votre processus d'apprentissage. Faites une pause si vous avez du mal à vous sentir optimiste et détendu, puis reprenez lorsque vous êtes à nouveau motivé pour apprendre. Ce n'est pas la même chose que l'engagement. Selon cette théorie, vous devez vous forcer à tenir le coup pendant les vingt premières heures, afin d'avoir plus de chances d'acquérir votre nouvelle compétence. Parfois, cela signifie s'engager à faire la plus petite quantité de travail possible, quand bien même votre motivation ferait défaut.

Pratiquez, pratiquez, pratiquez

Lorsque vous planifiez votre processus d'acquisition de compétences, vous devez vous assurer de consacrer du temps à la pratique. Pour devenir un expert, il n'y a pas de substitut. Il faut du dévouement, de la discipline et de la concentration, ainsi qu'un désir sincère et authentique de faire le travail. Si vous n'êtes pas passionné par quelque chose, vous ne deviendrez pas un expert dans ce domaine. Vous devez faire preuve de constance, sinon vous ferez marche arrière. Idéalement, vous vous entraînerez ou étudierez tous les jours à la même heure. Si vous avez du mal à trouver du temps pour cela, commencez par supprimer toute autre activité qui n'est pas directement nécessaire à l'apprentissage de cette nouvelle compétence. Dédiez alors ce temps à la pratique.

Il est évident que vous ne pouvez pas vous libérer complètement de votre emploi du temps de cette manière ; vous avez des responsabilités d'adulte à assumer et des urgences qui se présentent au jour le jour et d'une semaine à l'autre. Toutefois, si vous souhaitez réellement acquérir une nouvelle compétence, éliminez la plupart des éléments superflus de votre emploi du temps et consacrez-lui le temps alors libéré. Votre objectif est de libérer soixante à quatre-vingt-dix minutes par jour pour les réserver à la pratique. N'oubliez pas de recevoir un retour d'information sur vos progrès afin de savoir si vous vous êtes trompé quelque part ou si vous devriez aborder votre apprentissage d'une manière différente. Le retour d'information est essentiel aux premiers stades de l'acquisition des compétences. Vous pouvez même faire appel à un coach pour vous aider dans cette tâche. Les coachs peuvent vous guider et vous donner un retour d'information tout au long du processus, d'une manière qu'il vous serait difficile de faire vous-même. Dans certains cas, vous pouvez suivre votre propre apprentissage. Par exemple, si vous apprenez une nouvelle langue, vous pouvez essayer d'utiliser un enregistreur vocal pour vous écouter parler. Il vous sera ainsi plus facile de repérer les erreurs de prononciation ou de grammaire.

Il peut être facile de se perdre dans la lecture et la collecte d'informations sur la manière de faire quelque chose sans jamais la mettre véritablement en pratique. N'oubliez pas que la meilleure façon d'apprendre à faire quelque chose est de le faire réellement. Même si vous ne vous sentez pas prêt, assurez-vous d'être toujours physiquement ou activement impliqué. Faites alterner la recherche et la pratique, avec beaucoup de pratique entre les périodes de recherche.

Pratiquez sur des courtes durées

Si vous êtes comme moi, vous redoutez la fin du week-end. La semaine de travail se profile le dimanche soir, promettant une infinité de nouvelles tâches à accomplir. Si vous apprenez une nouvelle tâche, cela peut être encore plus décourageant. La bonne nouvelle, c'est qu'il existe une meilleure façon d'aborder ces longues périodes de travail sans se sentir dépassé. Apprendre quelque chose de nouveau et de difficile, ou même travailler sur des activités pendant de longues périodes, est épuisant et souvent inefficace. Des recherches ont montré qu'il est en fait préférable de travailler par courtes périodes avec des pauses fréquentes et planifiées. C'est ce que l'on appelle communément la technique Pomodoro.

La technique Pomodoro nous invite à faire une pause de cinq minutes toutes les vingt-cinq minutes de travail. Fixez des objectifs de session afin de réaliser trois à cinq de ces sessions de travail tout au long de la journée. Une fois que vous aurez adopté cette technique, vous serez étonné de la rapidité avec laquelle vous progresserez. En donnant la priorité à la quantité et à la rapidité, vous risquez beaucoup moins d'être frustré, et donc démotivé, au cours des premières étapes de votre pratique. Lorsque vous commencez à apprendre quelque chose de nouveau, les heures de pratique nécessaires pour commencer à progresser peuvent vous sembler une éternité. Vous pouvez même penser que vous avez passé plus de temps à travailler sur quelque chose au début de l'apprentissage d'une nouvelle compétence, simplement en raison de la difficulté de la tâche d'apprentissage elle-même. L'utilisation de la technique Pomodoro vous aidera à éviter les frustrations au début de votre processus d'apprentissage. Elle vous aidera à rester concentré et motivé, car vous serez en mesure de suivre votre temps de travail.

Lorsque vous travaillez sur une tâche sans faire de pause, vous êtes plus susceptible de vous déconcentrer et, par conséquent, de vous détourner du travail réel. En revanche, lorsque vous faites une pause, vous vous obligez à prendre quelques secondes pour réévaluer votre travail ou y réfléchir. Vous vous donnez l'espace nécessaire pour que votre attention puisse se reposer avant de reprendre votre travail. Il se peut que vous découvriez que vous devez ajuster ce sur quoi vous travaillez ou apporter quelques changements nécessaires. Cela améliorera la qualité de votre travail ainsi que la rapidité avec laquelle vous pouvez l'accomplir. Lorsque vient l'heure de la pause, il est important que vous la preniez au sérieux et que vous passiez réellement à une nouvelle activité. Vous pouvez les considérer comme une récompense pour votre dur labeur en marchant un peu, en faisant quelques étirements, en prenant une tasse de café ou en faisant quelque chose qui vous détend (comme la méditation). Vous pouvez expérimenter la durée de travail que vous préférez avant de faire une pause, bien que les recherches tendent à suggérer qu'une durée comprise entre vingt-cinq et trente-cinq minutes est la meilleure. Gardez à l'esprit que des périodes de travail plus longues peuvent conduire à l'épuisement, ce qui est particulièrement préjudiciable à votre motivation si vous essayez d'acquérir de nouvelles compétences.

Kaufman suggère également que vous pratiquiez votre nouvelle compétence dans les quatre heures qui précèdent votre coucher. Selon lui, la pratique réalisée dans ce délai permet au cerveau d'intégrer plus rapidement l'apprentissage dans les voies neuronales, car la mémoire et la mécanique motrice nécessaires sont ancrées plus rapidement. Vous pouvez également aider votre cerveau en célébrant les petites victoires qui jalonnent votre parcours. Les endorphines et la sérotonine seront ainsi libérées en plus grande quantité, ce qui vous encouragera à continuer. Prenez un morceau de chocolat ou regardez l'un de vos clips musicaux préférés pour vous faire plaisir et continuer à vous amuser. L'apprentissage d'une nouvelle compétence doit être passionnant et vous devez être impatient de vous y exercer chaque jour. Gardez votre bonne attitude et votre motivation !

Résumé du chapitre

Inspiré par Josh Kaufman, expert en apprentissage, ce chapitre explique comment structurer vos vingt premières heures d'apprentissage d'une nouvelle compétence. N'oubliez pas qu'en vous engageant au préalable à consacrer vingt heures à votre apprentissage, vous disposerez d'un moyen de franchir le mur de l'apprentissage auquel tout le monde est confronté et d'atteindre vos objectifs d'apprentissage. Mes quatre recommandations clés sur la manière d'aborder les vingt premières heures de votre apprentissage sont les suivantes :

- ◆ Commencez par fixer votre objectif.
- ◆ Déterminez les ressources dont vous avez besoin pour réussir.
- ◆ Pratiquez régulièrement et demandez un retour d'information dès le début.
- ◆ Divisez vos périodes de pratique en intervalles assimilables afin de ne pas perdre votre motivation.

Tous ces éléments se conjuguent pour améliorer la qualité et l'efficacité de votre apprentissage. Dans le prochain chapitre, vous découvrirez mon principe d'apprentissage préféré et comment il peut vous servir dans votre parcours d'apprentissage.

CHAPITRE CINQ

Le principe de Pareto qui change la vie

Vous n'avez peut-être jamais entendu parler du principe de Pareto, mais vous avez très probablement entendu parler de la règle des 80/20 ou de la loi des « quelques éléments essentiels »s. Le principe de Pareto suggère que, pour la plupart des choses, environ 80 % des effets proviennent de 20 % des causes. Ce principe a été appliqué à tous les domaines, de la propriété foncière à la fiscalité, en passant par les mathématiques. Cette règle est basée sur une distribution de loi de puissance et s'est avérée vraie dans les affaires, dans les relations et, surtout, dans la façon dont nous apprenons. En termes d'apprentissage, cela signifie que vous voulez identifier les 20 % de travail (ou causes) qui vous donneront les 80 % de résultats que vous souhaitez (les effets). Le concept principal consiste à identifier les quelques stratégies et supports d'apprentissage les plus efficaces qui vous permettront de devenir rapidement compétent dans le domaine choisi.

Par exemple, si vous apprenez une langue, il ne faut pas long-temps pour se rendre compte qu'il y a quelques mots clés qui reviennent souvent. Vous pouvez faire une recherche rapide sur « les mots anglais les plus utilisés » ou « les phrases an-glaises typiques » pour commencer à apprendre à parler anglais avant d'entrer dans les détails plus techniques ou grammaticaux. Appliqué à l'entraînement sportif, le principe de Pareto consiste à pratiquer environ 20 % des exercices et habitudes clés pour une compétence particulière afin d'obtenir 80 % de l'impact. L'apprenant ne doit pas se focaliser sur une formation variée ou sur l'apprentissage d'aspects très techniques d'une compétence. Il s'agit essentiellement de vous dire par quoi commencer en premier, sans pour autant négliger les quatre-vingts autres pour cent. Par exemple, avoir une alimentation saine et aller régulièrement à la salle de sport sont toujours importants pour l'entraînement sportif, mais ils ne sont pas aussi significatifs que les activités (ou 20 %) clés.

Le principe de Pareto va changer votre façon d'apprendre. Selon la compétence que vous avez choisie, la quantité de ressources pour étudier peut être immense. Vous aurez besoin d'une stratégie pour choisir le contenu le plus efficace qui vous aidera à atteindre votre objectif, ainsi que pour l'exploiter dans le bon ordre. L'application de ce principe à votre apprentissage peut se faire de différentes manières. Vous pouvez l'utiliser pour choisir la méthode d'étude la plus efficace dont vous disposez. Au-delà des méthodes d'étude, la règle des 80/20 peut s'avérer extrêmement utile pour choisir les bons supports d'apprentissage. J'ai rassemblé quelques conseils utiles à prendre en compte lorsque vous utilisez cette approche pour acquérir rapidement une nouvelle compétence.

Pour commencer, identifiez la compétence que vous essayez actuellement d'acquérir. Peu importe qu'il s'agisse d'un sport, d'une langue, d'une compétence motrice (comme jouer de la guitare ou d'un autre instrument) ou de l'apprentissage d'un nouveau jeu (comme les échecs). Quel que soit le domaine, la compétence ou l'expertise, choisissez simplement quelque chose que vous essayez d'améliorer. Il peut même s'agir d'une nouvelle tâche qui vous a été confiée récemment par votre patron ou un professeur. Il peut s'agir d'une nouvelle spécialisation ou d'un nouveau passe-temps. Identifiez les sujets d'apprentissage dans votre vie et soyez ouvert à en découvrir plusieurs simultanément. Dresser cette liste vous aidera à vous organiser dans votre processus d'apprentissage.

Dressez maintenant une liste des cinq à dix ressources que vous utilisez dans votre processus d'apprentissage. Pour chacun des sujets ou des compétences auxquels vous avez pensé, vous devez maintenant réfléchir à cinq choses ou plus que vous faites en ce moment dans le cadre de votre apprentissage ou que vous vous efforcez activement d'améliorer. Par exemple, si l'une des compétences que vous essayez d'acquérir est de savoir jouer de la guitare, énumérez cinq actions ou plus que vous entreprenez pour faciliter cet apprentissage. Il peut également s'agir de ressources que vous utilisez et qui vous aident à progresser.

Une fois que vous avez fait cela, vous pouvez choisir un ou deux éléments qui vous donnent les meilleurs résultats. Choisissez avec soin et de manière aussi impartiale que possible. Même s'il s'agit d'une activité que vous trouvez difficile ou qui vous donne du fil à retordre, si elle vous aide à apprendre, elle doit figurer sur la liste. N'oubliez pas que l'objectif à ce stade n'est pas d'atteindre la maîtrise, mais plutôt d'atteindre vos 80 % le plus rapidement possible. L'enthousiasme et la motivation vous aideront à aller de l'avant. En outre, vous serez désormais plus familier avec le sujet et serez en mesure de prendre des décisions plus éclairées à l'avenir. Après avoir choisi les deux éléments qui vous permettront d'acquérir plus rapidement une certaine aisance, vous serez en bien meilleure position pour apprendre progressivement plus et plus vite. Si aucun élément de votre liste ne correspond à cette description, retournez au début de votre liste de ressources et ajoutez-en de nouvelles. Il vous faudra peut-être procéder par tâtonnements au début, mais ne vous inquiétez pas ! Demandez l'avis d'un ami de confiance ou d'un mentor, ou faites une recherche rapide sur Google si nécessaire. Nous vivons à l'ère de l'information. Tout ce dont vous avez besoin est à portée de main.

La dernière étape de l'application du principe de Pareto consiste à mettre en pratique les deux éléments que vous avez choisis comme étant les plus efficaces et les plus performants pour vous permettre d'obtenir des résultats au cours des deux prochaines semaines. Vous avez procédé à l'élimination, il est maintenant temps de pratiquer. Vous verrez, au cours de cette séance d'entraînement, à quel point vous avez progressé par rapport à vos attentes initiales. Vous pouvez également appliquer la technique Pomodoro et garder à l'esprit les étapes du processus d'acquisition de compétences tout au long de cette phase. Tous ces principes se conjuguent de manière à approfondir et à accélérer votre apprentissage.

Au-delà de l'apprentissage, vous pouvez utiliser le principe de Pareto dans tous les domaines de votre vie où vous estimez qu'il peut y avoir un déséquilibre des effets. Ce principe ne s'applique peut-être pas à tous les domaines, mais de nombreuses situations peuvent être déséquilibrées (par exemple, sur les plans financier, de la santé, conjugal, social ou professionnel). Vous pouvez penser aux 10 à 20 % d'efforts les plus importants que vous faites dans votre vie pour obtenir 80 % de ce que vous attendez de la vie. Peut-être découvrirez-vous que vous appréciez les relations plus que vous ne le pensiez ; peut-être cela améliorera-t-il un aspect de votre vie professionnelle.

Vous pouvez ensuite trouver des moyens de mettre l'accent sur le pourcentage clé qui vous apporte ces 80 % de joie ou de satisfaction. Décidez de consacrer plus de temps à ces activités et placez-les en priorité dans votre emploi du temps. Peut-être rencontrez-vous un plus grand nombre de vos principaux amis ou réinstaurez les soirées en amoureux dans votre couple. Vous pouvez aussi investir davantage d'argent dans les expériences que vous souhaitez vivre. Vous devrez également trouver des moyens de minimiser ou d'éliminer les autres activités qui ne vous apportent pas les mêmes bénéfices. Cela peut signifier que vous éliminez certaines personnes toxiques de votre vie, ou que vous réorientez votre argent vers des investissements plus intelligents ou de meilleure qualité, qui donnent de meilleurs résultats et vous permettent d'avoir une meilleure qualité de vie. Quoi qu'il en soit, la règle des 80/20 peut vous servir de guide pour créer un meilleur équilibre dans votre vie quotidienne.

Résumé du chapitre

Le principe de Pareto est mon principe d'apprentissage préféré. Il vous aide à identifier les 20 % du travail qui vous permettront d'obtenir 80 % des résultats souhaités. Apprendre ce principe change vraiment la vie. Il vous aidera à hiérarchiser les stratégies et les supports d'apprentissage les plus efficaces qui vous permettront d'atteindre vos objectifs d'apprentissage. Vous pouvez utiliser cet outil extraordinaire dans d'autres domaines de votre vie afin de trouver un meilleur équilibre général. Dans le prochain chapitre, je vous donnerai un aperçu des points clés à prendre en compte dans l'art de la prise de notes efficace.

CHAPITRE SIX :

L'art de la prise de notes efficace

L es recherches sur la mémoire ont montré que nous nous souvenons facilement des idées ou des informations sur lesquelles nous portons souvent notre attention, et, qu'à l'inverse, nous pouvons rapidement oublier les idées ou les informations que nous ne touchons mentalement qu'une ou deux fois. Ce phénomène est intentionnel et s'est développé au fur et à mesure de l'évolution de l'homme. Il s'agit d'un oubli naturel des informations, car notre cerveau filtre les données dont nous lui disons qu'elles ne sont pas importantes. C'est simple : moins nous nous exposons à quelque chose, moins nous le retiendrons dans notre esprit. Nous indiquons à notre esprit ce qu'il est important de conserver en l'introduisant et en le réintroduisant dans nos journées par la pratique et l'étude. Plus nous pratiquons, plus l'information est stockée en permanence dans notre esprit.

Lorsque nous essayons d'apprendre quelque chose de nouveau, notre mémoire est plus forte dès le départ. Imaginez que vous étudiez du vocabulaire en classe et que l'on vous présente vingt nouveaux termes. Si vous étiez testé immédiatement, vous auriez probablement un taux de mémorisation proche de 100 %. Un jour plus tard, votre mémoire aurait baissé de 40 %. En tant qu'apprenants, si nous ne revenons pas sur le nouveau support d'apprentissage dans les vingt-quatre premières heures, nous aurons perdu 40 % des informations qu'il contient. Un jour plus tard, nous perdrons encore 20 % de notre capacité de mémorisation. En deux jours, nous aurons donc oublié 60 % de nos nouvelles connaissances. Cet effet est appelé « la courbe de l'oubli » et a été mis au point par Hermann Ebbinghaus en 1895, alors qu'il menait ses premières recherches sur la mémoire et l'oubli.

En bref, notre mémoire temporaire peut être trompeuse. Nous entendons quelque chose et nous pensons que, parce que nous pouvons immédiatement y penser et le répéter, nous nous en souviendrons également plus tard. Il faut voir les choses ainsi. Notre cerveau a attaché une goutte de colle à une pensée (en tant que souvenir temporaire). Peu à peu, la colle perd de sa qualité et, comme il ne s'agissait que d'une goutte, le lien se disperse et nous ne nous souvenons plus de la pensée. Cependant, si nous revenons constamment à cette pensée et que nous appliquons d'autres gouttes de colle à la goutte initiale, l'adhésif se renforce avec le temps. L'information finit par s'inscrire dans une mémoire plus permanente.

Les informations se perdant rapidement avec le temps, les apprenants doivent développer une stratégie efficace pour en retenir de nouvelles. La prise de notes est un bon outil pour y parvenir, mais la simple prise de notes ne suffit pas. Une prise de notes efficace est conçue pour vous aider à vous souvenir de ce que vous avez appris et à bien retenir ces informations au fil du temps. Si nous prenons des notes de manière efficace, nous pouvons retenir et récupérer presque 100 % de ce que nous avons appris.

Comment prendre des notes

Un bon point de départ consiste à toujours rédiger ses notes à la main. Bien que l'on puisse penser que taper ses notes sur un ordinateur portable pendant une conférence ou un cours serait plus approfondi (et pourrait même vous aider à apprendre plus vite), c'est en fait le contraire qui est vrai. Il est préférable pour votre apprentissage de prendre des notes à l'aide d'un stylo et d'une feuille de papier. Cela accélèrera votre apprentissage et vous aidera à le retenir. Des recherches ont montré que les apprenants qui tapent leurs notes de cours traitent et retiennent les informations à un niveau inférieur. En revanche, ceux qui prennent des notes à la main finissent par apprendre davantage.

Bien que la prise de notes à la main soit plus lente et plus fastidieuse que taper à l'ordinateur, l'acte d'écrire l'information favorise des niveaux de compréhension et de rétention plus élevés. Le fait de reformuler les informations avec vos propres mots vous aide à les retenir plus longtemps, ce qui signifie que vous vous en souviendrez mieux et que vous obtiendrez de meilleurs résultats lors d'examens. Cela s'explique par le fait que le traitement cognitif associé à la prise de notes à la main diffère de celui associé à la prise de note à l'ordinateur. En tapant à l'ordinateur, les apprenants peuvent facilement produire une trace écrite du cours sans nécessairement en assimiler le sens. Des vitesses de frappe plus rapides permettent aux étudiants de transcrire un cours mot à mot sans vraiment réfléchir au contenu ou à la signification profonde de ce qui a été dit. Comme les apprenants ne peuvent pas écrire tout ce qu'ils entendent à la main, ils doivent choisir ce qu'ils veulent privilégier et ce sur quoi ils veulent se concentrer. Vous devrez plutôt écouter, assimiler et résumer ce que vous entendez afin de pouvoir saisir succinctement l'essence de l'information. Prendre des notes à l'ancienne oblige le cerveau à effectuer un travail mental plus important que si vous tapiez à l'ordinateur, et ces efforts se traduisent par des taux d'apprentissage plus élevés et plus durables.

Des études sur la prise de notes ont montré qu'elle est plus efficace lorsqu'elle est organisée et transformée d'une manière ou d'une autre, ou lorsqu'un enseignant donne des exemples sur la manière de prendre de bonnes notes sur le support donné. Quoi qu'il en soit, cela demande un effort, et la moitié de la bataille consiste à comprendre les raisons pour lesquelles il est nécessaire de prendre des notes et d'interagir avec elles. Les techniques de prise de notes les plus efficaces impliquent un apprentissage actif plutôt que passif, ce qui signifie que la responsabilité de l'apprentissage incombe à l'apprenant. La recherche a montré que l'implication active et l'engagement des étudiants dans le processus d'apprentissage sont essentiels pour un apprentissage durable. Malgré ces résultats, les salles de classe traditionnelles ont tendance à se concentrer sur l'écoute de présentations formelles plutôt que sur la lecture, l'écriture, la discussion, la résolution de problèmes ou toute autre forme d'engagement avec le matériel pédagogique. Il est important de noter que cette forme d'apprentissage implique des tâches de réflexion de haut niveau telles que l'analyse, la synthèse et l'évaluation.

Ces stratégies d'apprentissage favorisent l'apprentissage actif parce qu'elles impliquent l'apprenant dans l'apprentissage des choses et dans la réflexion active sur ce qu'il fait au moment même où il le fait. C'est ce que l'on appelle communément la réflexion sur la réflexion ou la métacognition. Pendant que les apprenants s'impliquent dans leur contenu, ils devraient également réfléchir à la manière dont ils l'apprennent, à ce qui fonctionne, à ce qui est source de confusion et à la manière dont la réflexion évolue en fonction du sujet de l'apprentissage. Cela vous aidera, en tant qu'apprenant, à découvrir ce qui fonctionne bien pour vous et les ajustements que vous devriez faire la prochaine fois. Cela vous aidera à apprendre de vos erreurs plus rapidement et plus efficacement. Les pratiques métacognitives augmenteront également votre capacité globale à transférer et à adapter votre apprentissage à de nouveaux contextes et à de nouvelles tâches.

En ce qui concerne la prise de notes, ces concepts ont plusieurs implications. Il s'agit d'un processus interactif qui implique d'utiliser les notes originales à plusieurs reprises afin de construire une mémoire du contenu, contrairement à l'idée selon laquelle la prise de notes est une activité de copie unique. L'une des principales stratégies de prise de notes est la méthode Cornell, qui fournit un guide pour la prise de notes qui vous aidera à organiser vos notes en résumés plus faciles à assimiler. Cette méthode décrit les quatre étapes d'une bonne prise de notes.

#1 La prise de notes

Pour commencer, vous devez préparer une page pour prendre des notes et procéder de la même manière à chaque fois.

Inscrivez en haut de la page une question essentielle en rapport avec le sujet d'étude, afin de vous concentrer sur un objectif d'apprentissage clé dont vous devriez pouvoir discuter après votre session d'étude. Vous pouvez ensuite diviser la page en colonnes. L'une d'entre elles occupera environ un tiers de la page et sera laissée en blanc pour les questions et les notes connexes qui pourront être ajoutées ultérieurement lorsque les notes seront revues. L'autre côté est réservé aux notes prises lors d'une conférence, d'un cours ou d'une session d'apprentissage (il peut également s'agir de notes tirées d'un manuel, d'une vidéo, d'un podcast ou d'une source connexe).

Tout au long de la session d'apprentissage, vous devez écouter et prendre des notes avec vos propres mots plutôt que d'écrire mot pour mot ce que vous entendez ou voyez. Paraphrasez ce que vous entendez pour que cela ait du sens pour vous. Vous pouvez laisser des espaces dans votre carnet entre les idées principales afin de pouvoir y revenir plus tard et ajouter des informations. Pendant que vous écoutez, veillez à écrire des groupes de mots plutôt que des phrases complètes (en utilisant des listes d'éléments énumérés si possible), et développez votre propre style d'abréviations ou de symboles pour gagner du temps. Au fur et à mesure que vous vous imprégnez du contenu d'apprentissage, vous apprendrez à mieux écouter les informations importantes par rapport aux informations insignifiantes. Cela vous aidera à prendre des repères auprès de l'instructeur ou de la source. S'il est dit que ceci est essentiel ou qu'il s'agit d'un thème clé, c'est le signe que vous devez prêter une attention particulière à ce qui suit. Enfin, vous pouvez utiliser des surligneurs, des stylos ou des crayons de couleur pendant que vous prenez des notes pour indiquer les changements clés dans les idées, les concepts ou les liens entre les informations. En faisant preuve de créativité, vous vous concentrerez davantage sur votre tâche, car vous trouverez des moyens de rester intéressé et impliqué dans le contenu.

#2 L'élaboration de notes

Revenez maintenant à vos notes et révisez le contenu. Relisez ce que vous avez écrit et voyez s'il y a quelque chose que vous devez modifier ou ajuster pour plus de précision ou de clarté. Dans la colonne que vous avez laissée vide, écrivez les questions qui correspondent à la réponse (vos notes originales). Utilisez des surligneurs ou des symboles pour relier des éléments d'information clés de manière cohérente. C'est également le bon moment pour demander un retour d'information. Vous pouvez échanger des idées et collaborer avec d'autres apprenants ou, mieux encore, avec un formateur ou un coach, afin de vérifier votre compréhension et d'évaluer l'exhaustivité et l'exactitude de vos notes.

#3 L'interaction avec les notes

Une fois que vous avez remodelé vos notes, vous voulez maintenant relier tout votre apprentissage en rédigeant un résumé qui aborde la question essentielle et qui répond aux questions que vous avez écrites dans la colonne au cours de votre prise de notes. Rappelez-vous qu'un résumé est une vue d'ensemble du contenu que vous apprenez, ce qui est différent d'une réflexion qui se concentre plutôt sur votre réponse à la tâche ou au contenu d'apprentissage. Vous pouvez tirer des enseignements de vos notes pour chaque sujet d'étude en prévoyant des moments réguliers pour les réviser. Lorsque vous reviendrez les étudier plus tard, vous pourrez utiliser les questions et les réponses pour vous évaluer.

#4 La réflexion sur les notes

La dernière étape de la prise de notes est la réflexion sur le contenu que vous avez noté. Vous devriez demander à un pair, à un tuteur ou à un instructeur de vous faire part de ses commentaires par écrit afin de vérifier votre compréhension et votre exactitude, car il s'agit encore de la phase d'apprentissage initiale. Vous devez ensuite répondre à ces commentaires en vous concentrant sur un problème que vous rencontrez dans votre apprentissage et qui est lié à ce contenu, ainsi que sur toutes les questions qui en découlent. Cela vous aidera à approfondir votre compréhension globale du contenu à long terme. En tant qu'outil d'apprentissage, il est utile de réfléchir régulièrement tout au long du processus d'apprentissage, en particulier avant les examens importants, les présentations ou d'autres évaluations de performance.

Autres conseils d'étude

Comme pour beaucoup de choses, la prise de notes n'est que la première étape de votre processus d'étude, c'est pourquoi je souhaite conclure ce chapitre avec quelques conseils supplémentaires utiles que vous pouvez utiliser une fois que vous avez vos notes seront prêtes. D'une manière générale, gardez à l'esprit que plus vous touchez à une nouvelle information, moins vous l'oublierez.

1. **Étudiez sous forme de questions/réponses.** Que vous lisiez un chapitre de manuel ou que vous relisiez vos

notes de cours, essayez de toujours chercher une réponse à une question importante que vous avez créée
pour concentrer votre attention sur l'approfondissement de votre compréhension du contenu. Souvent,
les examens sont sous forme de questions/réponses,
ce qui vous permet de vous préparer à des repères importants sur votre performance. Vous apprendrez les
informations de la manière dont un test vous les de-
mandera probablement.

2. **Utilisez des flashcards lorsque c'est possible.** Utilisez
vos notes comme guide, puis inscrivez toutes les informations possibles sur des flashcards : un terme ou
encore une question au recto de la carte, et la définition
ou la réponse au verso. N'oubliez pas : une seule idée,
un seul terme ou une seule question par carte. C'est une
autre façon d'utiliser le format des questions/réponses.
Les flashcards sont également très faciles à transporter.
Vous pouvez les emporter partout avec vous et utiliser
les cinq à dix minutes de temps libre que vous avez ici
et là chaque jour pour vous tester.

3. **Étudier par petits bouts.** La meilleure façon d'apprendre quelque chose est de l'intégrer progressivement dans votre esprit, par petits intervalles, sur une
période donnée. C'est le contraire du bachotage, qui
consiste à essayer d'absorber de grandes quantités d'informations en une ou deux longues sessions. Le bachotage est la méthode d'étude la moins efficace pour la
rétention à long terme ; cependant, comme je l'expli-
querai plus loin, il a sa place dans l'acquisition rapide
de compétences. En général, vous retiendrez mieux les
informations si vous divisez votre session d'étude en

quatre ou cinq périodes de dix minutes. Si vous procédez ainsi chaque jour jusqu'à un examen de performance, vous obtiendrez d'excellents résultats.

4. **Établissez un emploi du temps.** Il est utile d'avoir un plan d'étude et d'étudier en fonction de vos priorités. Vous devez décider comment répartir vos sessions d'étude et organiser votre temps. Il peut être utile de tenir un calendrier des examens et des devoirs (qu'ils vous soient assignés ou que vous fassiez vous-même). Étudiez et planifiez vos périodes d'apprentissage au moment où vous êtes le plus alerte. Si votre vie vous le permet, accordez-vous des pauses entre le moment où vous apprenez un nouveau contenu et le moment où vous allez travailler ou passez à une autre activité. Ces pauses vous permettront de revoir ce que vous venez d'apprendre et même éventuellement de prévoir ce que vous allez faire ou apprendre ensuite (le cas échéant).

5. **Répartissez et modifiez votre pratique.** Les recherches ont montré qu'il est préférable d'utiliser de courtes sessions d'étude pour apprendre un sujet sur une certaine période. Cela favorise un apprentissage significatif et durable. Plus vous espacerez vos séances d'entraînement, plus elles seront efficaces au fil du temps. Cela vous aidera à retenir les informations et à rester motivé pour continuer d'apprendre. En outre, le fait d'apporter de légères modifications au cours de ces séances d'entraînement répétées vous aidera à maîtriser une compétence plus rapidement que si vous le faisiez de la même manière à chaque fois. Cela ne fonctionne que si les modifications que vous apportez sont minimes. Des

changements importants dans la pratique d'une nouvelle compétence n'auront pas le même effet.

Résumé du chapitre

Lorsque vous prenez des notes, il est important de donner la priorité à quelques points simples. Prenez des notes à la main, car le fait d'écrire l'information favorise un meilleur niveau de compréhension et de rétention. Le fait de reformuler les informations avec vos propres mots vous aidera également à les retenir plus longtemps, ce qui signifie que vous vous en souviendrez mieux et que vous obtiendrez de meilleurs résultats aux examens. La prise de notes est également un processus interactif qui implique d'utiliser les notes originales à plusieurs reprises en suivant la méthode Cornell (prise de notes, élaboration de notes, interaction avec les notes et réflexion sur les notes). Outre la méthode Cornell, je vous ai également donné quelques conseils d'étude supplémentaires à prendre en compte pour structurer vos sessions d'apprentissage. Les conseils sont les suivants :

- ◆ Étudiez sous forme de questions/réponses.
- ◆ Utilisez des flashcards.
- ◆ Étudier par petits morceaux.
- ◆ Établissez un emploi du temps.
- ◆ Distribuez et modifiez votre pratique.

Dans le chapitre suivant, vous apprendrez comment aller plus loin dans votre apprentissage et comment accélérer votre expertise.

CHAPITRE SEPT

Comment accélérer votre expertise

Lorsque vous apprenez quelque chose pour la première fois, il peut être difficile de passer d'un niveau de compétence modéré à un niveau d'expert. Vous êtes parti d'un niveau de base et, selon l'ampleur de la courbe d'apprentissage pour le sujet en question, il vous faudra peut-être un peu de temps pour arriver à vos fins. Pour commencer, vous devez vous mettre dans de bonnes dispositions mentales. Préparez-vous mentalement et adoptez une bonne attitude. Ce sera un défi, mais avec l'aide appropriée, vous pouvez y arriver rapidement et sûrement.

Avec l'incroyable essor de la technologie de nos jours, l'apprentissage rapide est une réalité plus répandue que nous ne le pensons. Cette génération d'apprenants vit à l'ère de la connaissance et de l'information. Pensez-y : grâce à internet, nous pouvons accéder à toutes sortes de connaissances et répondre à presque toutes les questions que nous pouvons nous poser. Qui plus est, la notion de génie ou de savant naturel est constamment remise en question et remplacée par des recherches qui suggèrent que nous sommes bien plus naturellement programmés pour apprendre. Tout ce dont nous avons besoin, c'est d'être bien guidés pour découvrir notre propre code d'apprentissage. Les recommandations suivantes vous aideront à le découvrir et à rester sur la bonne voie pour rapidement devenir un expert dans votre domaine de prédilection.

Trouvez un mentor

N'oubliez pas que le succès laisse des traces. Le meilleur raccourci pour devenir un expert est de trouver un expert qui fait déjà ce que vous voulez réaliser, puis de nouer une relation avec lui afin d'apprendre de son histoire. Cela concerne autant les échecs que les réussites. Vous devez essayer de ne pas commettre les mêmes erreurs que votre mentor sur la voie de la réussite. En apprenant de l'expert ce qu'il ne faut pas faire, vous accélérerez votre apprentissage d'une nouvelle compétence. Le fait que cette personne vous guide de manière plus personnelle dans ce qu'il faut faire est une énorme victoire.

De nombreuses personnes ne savent pas comment aborder la recherche d'un mentor. Il se peut que vous souhaitiez en avoir un, mais que vous ne compreniez pas très bien ce que cela signifie. Vous devez faire des recherches approfondies et sélectionner quelques candidats que vous aimeriez avoir comme mentor. Prenez le temps de réfléchir à quelques points avant de les contacter. Il y a de fortes chances que cette personne soit un leader que vous admirez, et la manière dont vous l'abordez pourrait être déterminante pour qu'elle accepte ou non votre invitation. La dernière chose que vous voulez faire est de mettre quelqu'un dans une position délicate où il pourrait se sentir mal d'avoir dit non ou de s'être senti obligé de dire oui.

Rappelez-vous avant tout que le mentorat ne se résume pas à vous. La personne que vous souhaitez avoir comme mentor ne vous cherchera probablement pas non plus, c'est pourquoi vous devez adopter une attitude active dans votre démarche. Réfléchissez vraiment à ce que vous attendez de cette personne. Elle doit être quelqu'un à qui vous voulez ressembler, et pas seulement quelqu'un qui a un travail que vous voulez. Cette personne doit posséder un ensemble de points forts et de compétences similaires que vous souhaitez adopter et dont vous voulez vous inspirer. Il n'est pas inutile d'avoir plusieurs candidats avant de décider de s'engager avec l'un d'entre eux (ou deux, en fonction de vos disponibilités). Une fois que vous avez choisi la personne que vous aimeriez avoir comme mentor, apprenez à la connaître. Lisez les articles qu'elle a écrits, suivez son blog, etc. Plus vous en saurez sur cette personne et sur sa personnalité publique, plus vous serez en mesure de définir vos attentes de manière réaliste.

Maintenant que vous avez fait vos recherches, vous êtes prêt à faire la demande. Essayez de ne pas prononcer le mot « mentor » d'emblée. C'est un peu fort pour une première rencontre. Demandez plutôt une première rencontre et personnalisez votre message en y ajoutant ce qui vous a attiré vers lui au départ. Ne cherchez pas la flatterie, mais soyez honnête et perspicace. Peut-être avez-vous lu l'un de ses articles ou l'une de ses citations, ou êtes-vous un fan de l'organisation pour laquelle il travaille. Choisissez ensuite un endroit informel, comme un café, et limitez la durée de la première rencontre à moins d'une heure. Préparez des questions ou des sujets de conversation que vous souhaitez aborder et qui, selon vous, rendront la réunion plus agréable. L'essentiel est de laisser la conversation se dérouler de manière relationnelle. Ne manquez pas de le remercier pour le temps qu'il vous a consacré ; c'est un professionnel très occupé, comme vous aspirez à l'être.

Dans son livre *Comment se faire des amis et influencer les autres,* Dale Carnegie explique comment vous pouvez amener des personnes influentes à vous rencontrer. Vous devez faire abstraction de votre insécurité et, en même temps, faire preuve d'humilité. Il écrit qu'il faut montrer un véritable intérêt pour la personne, se souvenir de son nom, l'écouter vraiment, être sincère et sourire. En d'autres termes, vous devez aborder la réunion comme si vous vouliez vous faire un ami. C'est quelque chose que tout le monde peut faire.

Après la rencontre, vous pouvez décider si vous voulez ou non passer à l'étape suivante. La personne vous a-t-elle rendu la pareille sur le plan relationnel ? A-t-elle donné trop de conseils non sollicités ou vous a-t-elle parlé de manière condescendante ? Vous a-t-elle posé des questions et a-t-elle semblé sincère ? Avez-vous quitté la réunion en vous sentant inspiré, intéressé et impliqué ? En d'autres termes, avez-vous eu l'impression qu'une véritable connexion s'est établie ? Si ce n'est pas le cas, considérez qu'il s'agit d'une tentative et rien de plus. Redirigez alors vos efforts vers quelqu'un d'autre. Vous ne voulez pas perdre votre temps à forcer quelque chose qui ne sera bon pour aucun d'entre vous à long terme. En revanche, si la réunion s'est bien déroulée, vous devrez immédiatement mettre en place un plan de suivi.

Contrairement aux rencontres amoureuses, il n'y a pas de mal à se montrer ambitieux avec un mentor potentiel. Vous voulez que cette personne sache A) très clairement ce que vous recherchez et B) que vous êtes sérieux et qu'elle ne perdrait pas son temps si elle vous prenait comme mentoré. Il convient donc d'assurer un suivi immédiat et de remercier votre mentor potentiel pour le temps qu'il vous a consacré. Vous pouvez le faire par courriel, par SMS, ou par téléphone si c'est le mode de communication qu'il préfère. À la fin de l'appel ou du message, mentionnez que vous aimeriez le rencontrer à nouveau et, s'il est d'accord, proposez-lui de fixer un rendez-vous. Soyez prêt à proposer quelques jours et heures (en général, trois ou quatre sont la norme). N'oubliez pas qu'à ce stade, vous êtes encore en train de vous évaluer l'un l'autre, et que vous devez donc faire en sorte que la rencontre soit détendue et non artificielle.

C'est peut-être l'étape la plus difficile. Vous devez laisser la relation évoluer organiquement, comme toute autre amitié. Vous ne devez pas placer trop d'attentes sur votre mentor, ni même à l'égard de vous-même. Vous pouvez être tenté d'appeler cela un mentorat, pour lui donner un statut et de l'importance, mais en réalité, il s'agit d'une relation comme une autre. Elle doit évoluer à un rythme sain pour vous deux et se fonder sur le respect et la confiance mutuels. Laissez-lui le temps de grandir comme il faut. La relation peut parfois se révéler difficile, ce qui est tout aussi bien. C'est à ce moment-là que votre mentor peut se sentir suffisamment à l'aise pour commencer à sculpter quelque chose dans vos habitudes ou vos façons de faire qui vous donnera des résultats durables. Vous serez peut-être tenté de vous rebiffer, ce qui est un réflexe normal. N'oubliez pas que votre réaction à cela est cruciale pour votre croissance ; c'est pour cela que vous vous êtes engagé. Relevez le défi et développez une certaine résilience. C'est là que les bonnes choses arrivent. Notez également qu'il ne s'agit pas d'une question de bien ou de mal. Vous et votre mentor pouvez avoir des opinions divergentes ; c'est la façon dont vous communiquez à ce sujet qui compte.

Il est important de prendre des initiatives de différentes manières pour orienter la relation. Par exemple, vous pouvez établir un emploi du temps régulier, vous adapter aux heures ou lieux de rencontre préférés de votre mentor et vous présenter à chaque réunion avec des points de discussion et des questions que vous aimeriez aborder. Vous serez ainsi sûr d'utiliser au mieux votre temps. Il vous sera également utile d'apprendre à anticiper les problèmes et à proposer des solutions (le cas échéant) à votre mentor, comme vous le feriez pour toute autre personne dont vous êtes proche. Vous voulez comprendre ses priorités professionnelles et personnelles de la même manière que vous aimeriez qu'il le fasse avec vous. Vous pouvez demander plus à votre mentor sans l'exiger ; cela ne le dérangera pas, bien au contraire. Il se sentira honoré et apprécié pour son expertise. Trouver des moyens de consolider le lien que vous avez créé ne fera que renforcer la relation.

Veillez à demander régulièrement à votre mentor de vous faire part de ses commentaires. La pilule est parfois difficile à avaler, mais c'est aussi une bonne chose pour vous. Ce sera la première façon de progresser au fil du temps et ce sera un moment fort pour vous deux. Demander un retour d'information peut sembler bizarre au début, mais à terme, cela deviendra presque une seconde nature, et vous vous retrouverez à avoir soif de mots que vous aviez l'habitude de craindre. Un bon mentor traitera également ces moments avec beaucoup d'attention et de sensibilité. Gardez à l'esprit que l'ensemble de ce processus nécessitera un engagement continu de votre part. Ce n'est pas comme un stage d'été ; le mentorat demande plus de temps et d'énergie. Ce n'est que lorsque vous vous consacrerez corps et âme au processus que vous serez en mesure de comprendre ce que signifie être un étudiant sur la voie de l'expertise.

Connaissez les «««pointures » de votre secteur d'activité

À l'instar de la phase de recherche d'un mentor, vous devez, de manière plus générale, comprendre qui mène la danse dans votre domaine. Si vous voulez être repéré et apprendre les choses que vous devez absolument savoir, le mieux est d'apprendre des professionnels qui sont dans ce secteur. Il sera assez facile de les repérer, car ce sont les personnes les plus référencées ou les plus actives sur la scène publique. Si ce n'est pas le cas, vous pouvez facilement rechercher les mots clés de votre secteur sur Google et consulter les blogs, les articles ou les auteurs de livres les mieux classés. Trouver ces professionnels n'est qu'un début. Les suivre et être reconnu par eux constituent les étapes suivantes, et beaucoup plus difficiles.

Vous devez tout d'abord suivre ces personnes parce qu'elles sont importantes (au moins dans votre secteur). Bien sûr, vous pouvez radoter tant que vous voulez sur divers espaces à travers internet que vous avez des idées qui méritent d'être entendues , mais si personne ne vous connaît, personne ne s'en soucie, et donc tout cela est plutôt inutile. Au lieu de cela, vous pouvez suivre ces personnes et apprendre de leurs méthodes. La façon dont ils font les choses est la norme dans votre domaine. Si vous voulez progresser, vous devez soit atteindre leur qualité, soit dépasser leurs compétences. Bien entendu, il n'est pas facile de se faire reconnaître par ces personnes, car pourquoi auraient-elles besoin de vous reconnaître ? Que leur offrez-vous ? Essayez de construire quelque chose de valable en créant votre propre réseau. Déterminez votre valeur et montrez-la.

Leur opinion compte, tout comme leur cercle social. Il ne suffit pas de s'attarder sur leurs blogs. Vous devez toujours vous rappeler de laisser une trace. Commentez, participez à tout ce qui se passe en ligne (comme un webinaire ou des commentaires sur des vidéos ou quelque chose de similaire) et, mieux encore, correspondez avec des auteurs ou des blogueurs de renom. Il est fort probable qu'ils soient trop occupés pour vous répondre, mais au moins vous essayez de les contacter et de créer une voie de connexion. Vous pouvez vous aider en rédigeant des messages sensés et qui méritent une réponse. Bien que cela soit plus difficile que de se rencontrer en personne, vous pouvez aborder cette question de la même manière que vous le feriez avec un mentor. Si votre secteur est du genre à organiser des événements en personne, vous voudrez également assister au plus grand nombre possible d'entre eux. Qu'il s'agisse de rencontres, de conférences, de groupes d'amis ou de tout autre type d'événement de réseautage social, faites-vous un devoir d'y participer autant que possible. Il y a fort à parier que c'est là que se trouvent les experts et les têtes de liste, ce qui signifie que vous avez tout intérêt à y être aussi.

Cela signifie également que vous devez suivre rigoureusement les tendances dans votre secteur. Tous les domaines évoluent, certains plus rapidement que d'autres. Les experts sont ceux qui restent toujours à l'avant-garde de ce qui se passe. Ils explorent les nouvelles tendances pour comprendre l'évolution de leur secteur. Cela vous permet d'être à la fois prévoyant et perspicace. Alors que les autres ne sont pas conscients des vagues changeantes du progrès, les experts peuvent plus facilement et plus rapidement tirer les conclusions qui s'imposent afin de tirer profit du changement à venir. Vous pouvez vous tenir au courant des tendances en créant des alertes Google spécifiques pour les tendances que vous suivez, ou en vous abonnant à des blogs et à des sites web tels que TrendHunter. Une autre chose importante que vous pouvez faire est de vous engager à lire davantage. Recherchez et lisez les rapports d'analystes qui tentent de prédire les tendances du secteur pour les dix prochaines années. Il n'est pas inutile de notifier votre réseau si vous observez une nouvelle tendance, pour savoir ce qu'il en pense.

Définissez (et redéfinissez) votre réseau

Faire du réseautage est un élément important de l'enrichissement de votre vie personnelle et professionnelle. C'est peut-être la clé qui vous permettra de décrocher l'emploi de vos rêves. Cependant, même les personnes les plus extraverties ont du mal à établir un réseau de manière efficace. L'idée de nouer des liens avec des inconnus peut être intimidante, et il peut être difficile de savoir par où commencer. Malgré ces difficultés, la mise en place d'un réseau qui fonctionne réellement pour vous sera inestimable, car vous vous consacrerez à l'apprentissage de nouvelles connaissances et deviendrez un expert reconnu dans le domaine.

Commençons par définir ce que c'est. Votre réseau professionnel est un groupe de personnes qui se sont mis en relation autour d'un thème commun en rapport avec votre travail. Vous vous réunissez tous pour des raisons professionnelles ou de carrière, à la recherche de possibilités de connexion professionnelle. Il peut s'agir d'un moyen pour vous de découvrir des pistes d'emploi, mais en réalité, s'il est bien fait, c'est bien plus que cela. En plus d'être un lieu où vous pouvez résoudre des problèmes liés au travail, trouver des recommandations pour des vendeurs ou des fournisseurs et être exposé à des informations sur des employeurs, des employés et des clients potentiels, votre réseau est l'endroit auquel vous vous référez pour apprendre. Les membres de votre réseau sont ceux à qui vous vous adressez pour poser des questions et faire part de vos préoccupations et, plus généralement, ceux auprès de qui vous apprenez. Il s'agit d'une communauté d'apprentissage qui vous permet d'échanger des idées et de les intégrer au fur et à mesure que vous découvrez de nouvelles informations et que vous approfondissez vos connaissances dans votre domaine.

Qui devrait donc faire partie de votre réseau ? Ce groupe unique peut être composé de presque toutes les personnes que vous avez rencontrées, à condition qu'elles remplissent certaines conditions. Vous voulez que ces personnes aient une bonne réputation et qu'elles soutiennent vos objectifs d'une manière ou d'une autre. Commencez par chercher dans les endroits les plus évidents : votre ancien et votre lieu de travail actuel. Les anciens et actuels collègues de travail sont des personnes avec lesquelles vous avez déjà un certain lien, c'est donc un moyen facile de commencer. Il y a de fortes chances qu'ils puissent vous présenter quelqu'un d'autre qui a les mêmes intérêts que vous ou qui pourrait être un contact utile au fur et à mesure que vous évoluez dans votre domaine.

En outre, vous devrez rechercher et assister à des conférences et à des événements professionnels qui vous permettront de

rencontrer des personnes partageant les mêmes objectifs professionnels que vous. Renseignez-vous sur les associations
professionnelles qui existent dans votre région et qui vous
mettront en contact avec les participants qui vous intéressent.
De nombreuses conférences comportent une liste d'organisations ou d'employeurs qui participent à la conférence à venir ;
avec un peu d'assiduité, vous pouvez donc voir à l'avance avec
qui vous pourriez vouloir entrer en contact. Avant de participer à une conférence, assurez-vous d'avoir mis à jour vos cartes
de visite avec vos coordonnées non professionnelles et appor-
tez-les avec vous. Si vous appréciez particulièrement la conférence, et si vous en avez la possibilité, vous pouvez choisir de
devenir un membre actif de l'association ou de l'organisation
qui l'a programmée. Vous pourriez faire partie d'un comité ou
vous porter volontaire pour la prochaine conférence. Vos collègues auront ainsi l'occasion de vous voir à l'œuvre.

Outre les événements et les conférences, vous pouvez utiliser
votre page LinkedIn et/ou Facebook pour nouer des liens avec
d'autres personnes, bien que les études montrent que les rencontres en personne sont généralement préférables pour les
relations à long terme. Pour commencer, cependant, ces outils
peuvent être utiles pour mettre le pied à l'étrier. Tenez votre
page LinkedIn à jour, de la même manière que vous le feriez
pour votre CV. Publiez des informations sur vos réalisations et
sur les développements récents dans votre domaine, et nouez
des liens avec d'autres personnes de votre domaine, de votre
école ou de vos entreprises préférées.

N'oubliez pas que vos amis et votre famille sont également des
éléments précieux de votre réseau. Parlez-leur de vos objectifs

de carrière et de vos aspirations. Il y a de fortes chances qu'ils connaissent quelqu'un dans leur propre réseau qui pourrait vous fournir des informations utiles. Vous ne savez jamais qui sera en mesure de vous guider et de vous soutenir, alors parlez-en ! Cette démarche peut également jeter des ponts dans votre vie personnelle, car elle vous aidera à mieux connaître votre famille élargie ou votre belle-famille. Dans le même ordre d'idées, n'oubliez pas vos anciens professeurs de l'université ou même du lycée. Si vous étiez proche d'un professeur ou d'un étudiant mémorable, gardez le contact. Ces personnes peuvent vous mettre en contact avec d'autres personnes ou être des mentors pour vous d'une manière ou d'une autre. Il en va de même pour les anciens camarades de classe. Si votre université organise des rencontres ou des retrouvailles, essayez d'y participer le plus possible et d'entrer en contact avec d'autres étudiants qui étaient dans les mêmes classes ou qui ont obtenu un diplôme similaire au vôtre. Avec l'âge, ces contacts deviendront de plus en plus précieux. Si vous étiez membre d'une association étudiante, vous pouvez également vous tourner de ce côté.

Le bénévolat caritatif est un autre moyen de rencontrer des personnes engagées dans la communauté tout en œuvrant à l'amélioration de sa situation sociale. C'est un excellent moyen d'apprendre à connaître les autres d'un point de vue non professionnel, ce qui peut sembler plus naturel pour certains. Vous pouvez même découvrir quelque chose que vous ignoriez sur vous-même, ou trouver une nouvelle compétence ou un nouveau domaine dans lequel vous souhaitez vous développer. De plus, lorsque vous faites du bénévolat, vous acquérez non seulement de l'expérience et une exposition à d'autres personnes partageant les mêmes idées, mais vous faites aussi une différence pour un groupe de personnes. En plus d'avoir fière allure sur votre CV ou LinkedIn, vous pouvez vous réjouir du bien que vous faites.

Au fur et à mesure que vous définissez et redéfinissez votre réseau, il est important de le maintenir en vie et en bonne santé. Ne le traitez pas comme un vieux livre poussiéreux sur une étagère que vous ne consultez que tous les ans ou presque pour vous référer à une ou deux choses. Considérez-le comme un organisme. C'est une chose vivante, qui respire et dont il faut s'occuper sous peine de la voir disparaître. La dernière chose que vous voulez, c'est tendre la main à quelqu'un qui ne se souvient pas de vous ou passer à côté d'une excellente occasion parce qu'un de vos contacts est au courant mais ne pense pas à vous. Vous devez prévoir de rester en contact avec les personnes de votre réseau. Si vous avez des personnes qui ne sont pas de votre région, assurez-vous qu'elles savent qu'elles ont une invitation permanente à vous rencontrer si elles se trouvent dans votre ville. Chaque année, envoyez quelques courriels ou notes clés à votre réseau principal pour qu'ils sachent ce que vous faites. Les vacances sont un moment idéal pour le faire, tout comme les périodes de changement, telles que le début d'un nouvel emploi ou un déménagement dans une nouvelle ville.

Alors que vous continuez à développer votre réseau, gardez à l'esprit que les personnes que vous connaissez sont plus importantes que le nombre de personnes que vous connaissez. C'est là que l'expression « qualité plutôt que quantité » prend tout son sens ! Jim Rohn, gourou du développement personnel, affirme que nous sommes la moyenne des cinq personnes avec lesquelles nous passons le plus de temps. Cette idée peut faire peur à certains d'entre nous. Réfléchissez à qui sont ces cinq personnes pour vous. Si vous voulez améliorer votre performance professionnelle, vous devez vous entourer de personnes qui vous élèvent et vous inspirent. Les personnes qui vous entourent ont un impact considérable sur votre vie, il est donc important que vous vous entouriez des bonnes personnes. Il est essentiel que vous trouviez des personnes qui vous inspirent, qui partagent un état d'esprit similaire au vôtre ou qui peuvent vous servir de mentors. Vous avez besoin dans votre vie de personnes qui vous pousseront plutôt que de vous tirer dans des directions néfastes qui pourraient vous faire reculer.

Prenez une minute pour réfléchir aux personnes avec lesquelles vous passez la majeure partie de votre temps. Qui sont vos cinq amis les plus proches ? Comment les soutenez-vous ? Comment vous soutiennent-ils ? Vous inspirent-ils et vous poussent-ils à vous améliorer ? Comment vous sentez-vous en leur présence ? Est-ce qu'ils vous encouragent ? Vous freinent-ils d'une manière ou d'une autre ? Les valeurs des personnes que vous côtoyez s'infiltrent dans votre vie et dans votre système de valeurs, pour le meilleur et pour le pire. C'est pourquoi il est si important que vous soyez en accord avec les personnes que vous côtoyez. Sinon, vous serez insatisfait ou perdrez de vue vos propres objectifs et valeurs. Si vous passez du temps avec des personnes motivées, travailleuses, heureuses, prospères et en bonne santé, vous commencerez à ressentir vous-même certains de ces effets secondaires positifs. Vous vous sentirez inspiré à grandir et à vous développer pour correspondre à ces traits de caractère afin de mieux les imiter vous-même. Plus vous les imitez, plus vous les attirez dans votre vie. Il s'agit d'une rétroaction positive qui consiste à donner et à recevoir de la bonté et de l'inspiration.

Au fur et à mesure que vous développez et élaguez votre réseau, n'oubliez pas d'être sincère et de garder l'esprit ouvert. Vous ne savez jamais qui vous pourriez rencontrer. Soyez audacieux et respectueux. Si vous assistez à un événement auquel participent des responsables du recrutement, demandez à l'un d'entre eux de vous accorder un entretien informel. Entrez en contact avec les professionnels de votre réseau et au-delà. Surtout, ne laissez pas votre timidité vous arrêter. Les personnes qui luttent contre la timidité risquent de ne pas profiter des avantages du réseautage professionnel. Gardez à l'esprit que tout le monde est confronté à ce problème ; il n'est pas facile d'aller vers les autres. Commencez par des ressources telles que LinkedIn et Facebook, et évoluez progressivement vers des rencontres en personne. Vous pouvez également commencer par rechercher les situations dans lesquelles vous vous sentez le plus à l'aise et profiter de ces occasions pour nouer des liens. Par exemple, si vous participez à une activité qui vous plaît, vous rencontrerez d'autres personnes qui l'apprécient également. De même, le bénévolat vous donnera l'occasion de rencontrer des personnes avec lesquelles vous avez des points communs. Commencez par de petites choses et développez-les ensuite.

Ne cessez jamais d'apprendre

Cette recommandation est primordiale. On pourrait penser qu'à un moment donné, les experts ont appris tout ce qu'ils pouvaient apprendre pour en arriver là. Ce n'est pas le cas : les experts ne cessent jamais d'apprendre. Jamais ! En fait, la plupart des gens, une fois devenus experts, s'engagent à en apprendre davantage. La raison en est simple. Une fois que vous serez devenu un expert et que vous commencerez à profiter de ses avantages, vous voudrez le rester. En plus d'être fiers de leur réussite, les experts ont la volonté de rester compétents et informés. En règle générale, les experts lisent davantage, continuent à se former par le biais de cours et d'ateliers, recueillent régulièrement des connaissances auprès d'autres experts et sont constamment à la recherche de nouvelles façons d'apprendre et de se développer.

Les experts ont tendance à vouloir assimiler de nouvelles informations sur différents sujets aussi souvent que possible. Ils ne veulent jamais cesser d'apprendre. Alors que vous vous engagez à devenir un expert, vous voudrez visiter de nouveaux blogs de temps en temps et essayer quelque chose de nouveau. Cela vous aidera à sortir des sentiers battus. Si vous êtes toujours intéressé par l'apprentissage, pourquoi ne pas aller au-delà de votre secteur et investir du temps dans la compréhension d'un autre secteur connexe ? Essayez le design, le marketing internet ou le codage. Les possibilités sont infinies ! J'ai tellement grandi en essayant de nouvelles choses. Vous n'avez aucune idée de la puissance de l'intégration du *SEO* (« Optimisation pour les moteurs de recherche »), du blogging et du marketing internet tant que vous ne l'avez pas essayé et que vous n'avez pas vu les résultats. Apprendre de nouvelles choses comme cela peut (au sens propre comme au sens figuré) vous ouvrir à de nombreuses opportunités. Il n'y a rien de mieux pour améliorer vos compétences existantes et vous rendre plus compétitif que de combiner plusieurs disciplines en un seul esprit. Les résultats sont incroyables. Ce sera une véritable percée pour vous, tant sur le plan personnel que professionnel. C'est la clé de votre réussite.

Plus vous apprendrez, plus les gens voudront écouter ce que vous avez à dire. Vous pourriez même devenir un leader d'opi-

nion dans votre domaine. Les experts ne se contentent jamais de
ce qui existe ou du statu quo. En règle générale, ils sont toujours
à la recherche de la prochaine étape ou de l'évolution de leur
profession. Ils essaient constamment de nouvelles techniques,
améliorent les concepts existants, explorent de nouvelles idées
et apportent une valeur ajoutée partout où ils le peuvent. Ils s'efforcent de repousser les limites de leur domaine. Les experts se
consacrent à l'avenir de leur profession en faisant preuve d'une
véritable vision. Pour en arriver là, vous devez commencer mo-
destement avec une grande vision. Vous pouvez peut-être créer
un blog ou faire des mises à jour très spécifiques sur vos chaînes
de réseaux sociaux autour de votre domaine d'expertise. Vous
pouvez également envisager d'écrire un simple livre numérique,
de soumettre un livre blanc à une organisation professionnelle
ou de rédiger des articles pour des publications en ligne. Gardez
à l'esprit que devenir un leader d'opinion n'est pas un sprint, mais
un marathon. Vous y parviendrez en faisant un grand nombre de
petites choses correctement.

Au fur et à mesure que vous progressez dans votre apprentissage, vous devez également veiller à partager vos connaissances avec les autres. Les experts prennent de la valeur en
partageant leurs compétences et leurs connaissances avec les
personnes de leur entourage qui pourraient en bénéficier. Ils
veulent toujours rendre service à leur communauté professionnelle. Si vous voulez être considéré comme un expert, mettez
votre expertise à la disposition de tous et n'ayez pas peur d'être
jugé. Essayez de vous débarrasser de vos peurs et mettez en
avant vos pensées et vos idées (basées sur votre expertise).
L'une des façons de partager vos connaissances est de former
d'autres personnes, par exemple en intervenant lors d'un petit événement ou d'une conférence sectorielle dans votre ville.

N'oubliez pas que lorsque vous recherchez ces opportunités, il ne s'agit pas de vous. Pensez à votre public et à la manière dont la diffusion de votre message améliorera le secteur. Vous devez être perçu comme quelqu'un qui partage des informations en toute confiance et qui n'attend rien (dans la limite du raisonnable) en retour. Le partage de vos connaissances vous aide également à mieux absorber l'information et à poursuivre vos études.

Résumé du chapitre

Pour passer d'un niveau de base à un niveau d'expertise, vous devrez donner la priorité à quelques actions clés, et vous y tenir ! Il s'agit de :

- ♦ Trouver un mentor dans votre domaine avec lequel vous pouvez établir une relation de qualité et qui vous met au défi de manière productive.
- ♦ Connaître les personnalités de votre domaine qui sont à l'avant-garde de ce qui se passe et qui comprennent la direction que prend votre secteur.
- ♦ Créer un réseau qui fonctionne vraiment pour vous et votre objectif de devenir un expert reconnu dans votre domaine.
- ♦ Assimiler de nombreuses nouvelles informations sur différents sujets aussi souvent que vous le pouvez afin de ne jamais cesser d'apprendre.

Dans le chapitre suivant, vous découvrirez les mesures que vous pouvez prendre pour améliorer votre mémoire et qui vous aideront tout au long de votre parcours d'apprentissage.

CHAPITRE HUIT

Améliorez votre mémoire

À bien des égards, les souvenirs façonnent notre identité, car ils constituent notre réalité interne. Ce sont des histoires de nous-mêmes et de ce que nous sommes capables d'apprendre grâce à notre capacité à nous rappeler les informations nécessaires au moment opportun. Plusieurs facteurs ont été associés aux raisons de l'amélioration (ou de la dégradation) de la mémoire : des gènes à la nutrition en passant par les pratiques de méditation. En général, il est fortement recommandé de réduire sa consommation de sucre, d'éviter les aliments riches en calories et de faire beaucoup d'exercice pour améliorer le fonctionnement de la mémoire.

Le fait de mener une vie active, tant sur le plan physique que mental, sera déterminant pour votre capacité à conserver vos fonctions cérébrales plus longtemps. En effet, tout comme les autres muscles se renforcent avec l'usage, les exercices mentaux aident à maintenir les compétences mentales et la mémoire. L'exercice est lié à la réduction du stress et à l'amélioration de la positivité, deux aspects qu'il est essentiel de privilégier lorsque vous vous engagez à apprendre quelque chose de nouveau. Certaines sources préconisent même une augmentation de la caféine pour stimuler la mémoire (et les performances), même si ce n'est que dans des contextes à court terme (comme lors d'une séance d'étude, d'un examen ou d'une présentation importante). En outre, les pratiques de base ci-dessous vous aideront à améliorer votre mémoire pendant que vous apprenez une nouvelle compétence.

Dormez plus (et mieux)

Bien qu'elles reconnaissent l'importance du sommeil pour leur santé générale, de nombreuses personnes réduisent leur temps de sommeil à mesure qu'elles deviennent de plus en plus occupées. Il peut être tentant de se convaincre que dormir n'est pas productif et que sacrifier une bonne nuit de sommeil avant une présentation, un examen ou une journée de travail importante donnera des résultats positifs. Nous avons tendance à considérer le sommeil comme un luxe plutôt que comme une nécessité ; cependant, lorsqu'il s'agit d'apprentissage et de mémoire, dormir est en fait l'une des choses les plus importantes que vous puissiez faire.

Des recherches ont montré que les personnes souffrant de troubles du sommeil ont souvent des fonctions de mémoire altérées. Des chercheurs en sciences cognitives de l'université de Washington ont constaté que les personnes qui dorment après avoir traité et stocké un souvenir réalisent leurs intentions beaucoup mieux que celles qui essaient d'exécuter leur projet avant d'avoir dormi. Cela donne un nouveau sens à l'expression « la nuit porte conseil ». Les chercheurs ont montré que le sommeil améliore notre capacité à nous souvenir d'une action future, ce que l'on appelle la mémoire prospective. Notre capacité à réaliser les actions futures que nous avons l'intention de faire ne dépend pas tant de la manière dont ces intentions sont ancrées dans notre mémoire, mais plutôt d'un déclencheur que nous rencontrons plus tard, dans un contexte particulier, et qui déclenche le rappel de ces intentions. La mémoire prospective, ou les choses que nous avons l'intention de faire, comprend des éléments tels que se souvenir de prendre un médicament, se souvenir d'acheter un cadeau à un ami ou de rapporter les bons produits du magasin à la maison. Nous utilisons cette forme de mémoire tous les jours. Les chercheurs pensent que le processus de mémoire prospective se produit pendant le sommeil lent, une phase précoce du cycle de sommeil qui est très propice au renforcement de la mémoire. Ces conclusions soulignent l'importance de veiller à dormir après avoir élaboré des projets ou des listes de choses à faire et avant même de les exécuter. En bref, le sommeil nous aide à renforcer nos associations entre la tâche que nous avons l'intention d'accomplir et le contexte qui déclenche le souvenir de cette tâche.

Le sommeil contribue également à la consolidation de la mémoire et améliore notre capacité à nous souvenir de ce que nous avons appris pendant la journée. Le sommeil profond, ou sommeil non paradoxal, peut renforcer les souvenirs si le sommeil a lieu dans les douze heures suivant l'apprentissage initial. Cela a des conséquences importantes sur la façon dont vous planifiez vos études et votre sommeil. Si votre emploi du temps actuel ne vous permet pas de dormir les sept à huit heures recommandées chaque nuit, vous pouvez donner la priorité au sommeil pendant les week-ends. Les recherches ont montré que le manque de sommeil nuit à la capacité d'attention, à la vigilance et aux temps de réaction, autant d'éléments indispensables à une journée de travail productive. Ce qui est bien, c'est qu'une seule nuit complète de sommeil rétablira votre fonctionnement cognitif à la normale. Ces périodes de récupération ne remplacent pas idéalement un sommeil réparateur tout au long de la semaine, mais elles sont efficaces à condition d'être assez régulières. Par exemple, tous les week-ends pendant au moins neuf ou dix heures.

Des études ont également montré que les souvenirs associés à une récompense sont également renforcés par le sommeil. Le sommeil contribue à renforcer la mémoire et à choisir et conserver les souvenirs qui ont une valeur gratifiante, car les récompenses agissent comme une étiquette mentale qui scelle l'information dans votre esprit au fur et à mesure que vous l'apprenez. Pendant les périodes de sommeil, les informations sont solidifiées, ce qui signifie qu'une courte sieste pendant que vous apprenez peut vous aider à cimenter de nouveaux faits et de nouvelles compétences dans votre mémoire. En d'autres termes, faire une sieste après une période d'apprentissage est bénéfique pour la mémorisation à long terme.

Essayez les moyens mnémotechniques

La mémoire peut être divisée en trois catégories : la mémoire sensorielle, la mémoire à court terme et la mémoire à long terme. La mémoire sensorielle se caractérise par le fait que nos sens nous aident à recevoir, à enregistrer et à se souvenir des informations. La mémoire à court terme est celle qui nous permet de nous souvenir de ce que nous avons vu ou entendu récemment. Par exemple, vous pouvez vous souvenir d'un numéro de téléphone que vous venez de consulter ou du nom d'une personne que vous venez de rencontrer. La mémoire à long terme, en revanche, consiste à transférer les souvenirs à court terme dans une mémoire plus profonde et plus durable, dont la capacité de stockage n'est pas limitée. Les informations sont stockées dans la mémoire à long terme grâce à la répétition ou à la visualisation des informations afin de pouvoir s'en souvenir plus tard, un peu comme dans un classeur. Nous avons souvent besoin d'indices pour nous aider à nous rappeler les informations de notre mémoire à long terme. C'est là que les moyens mnémotechniques entrent en jeu.

Les moyens mnémotechniques sont des techniques que nous pouvons utiliser pour améliorer notre capacité à nous souvenir de quelque chose. Il s'agit d'outils de mémorisation qui aident le cerveau à mieux absorber et à se rappeler les informations importantes. Les moyens mnémotechniques sont des raccourcis simples qui nous permettent d'associer l'information que nous voulons retenir à une image, une phrase ou un mot. Considérez les moyens mnémotechniques comme des façons de donner un coup de pouce à votre cerveau en lui permettant d'effectuer des tâches qu'il peut, de toute façon, faire. Souvent, l'information que vous recherchez se trouve quelque part dans votre cerveau, et tout ce dont vous avez besoin, c'est d'un outil qui vous aide à l'atteindre plus rapidement lorsque c'est important. Avec l'âge, les fonctions de la mémoire diminuent. Cela se traduit par un ralentissement de la pensée, une baisse de la concentration, un traitement plus lent de la mémoire et un besoin accru d'indices de mémoire. Dans ce cas, des moyens mnémotechniques peuvent également être utilisés pour maintenir une mémoire vive. Quoi qu'il en soit, ces techniques de mémorisation nous permettent de nous souvenir plus facilement des faits et peuvent être appliquées à presque tous les sujets.

Les moyens mnémotechniques vous aideront à simplifier, résumer et comprimer les informations pour les rendre plus faciles à apprendre. Ils peuvent être particulièrement utiles pour les étudiants en médecine ou en droit, ou pour les personnes qui étudient une langue étrangère. En fait, si vous devez mémoriser et stocker de grandes quantités d'informations nouvelles, vous pouvez essayer un moyen mnémotechnique et vous constaterez que vous vous souviendrez de ces informations longtemps après avoir passé votre examen. Voici une liste des moyens mnémotechniques les plus populaires que vous pouvez utiliser.

La méthode des loci

Loci est le pluriel de « locus », qui signifie également « emplacement ». Dans la Grèce antique, on utilisait ce moyen mnémotechnique pour faciliter la mémorisation. La méthode des loci implique une stratégie mentale consistant à s'imaginer dans une pièce que l'on connaît bien, puis à prendre note des objets qui s'y trouvent, tels que le canapé, la lampe, le banc de piano, l'album photos, etc. Vous associez ensuite les éléments que vous placez mentalement dans la pièce aux informations que vous essayez d'apprendre, par exemple une liste de choses dont vous devez vous souvenir dans un certain ordre. Vous pouvez vous imaginer en train de traverser la pièce et de ramasser ou de passer devant chaque élément que vous y avez placé, ce qui déclenche le rappel de l'information en question. La méthode des loci s'est avérée très efficace pour l'apprentissage. Des recherches ont démontré qu'elle permettait d'améliorer de manière significative la capacité à se souvenir d'informations dans de nombreux cas, qu'il s'agisse d'étudiants ou d'apprenants adultes. Certaines recherches ont également suggéré que l'utilisation de techniques mnémotechniques telles que la méthode des loci est efficace pour améliorer la capacité d'apprentissage et de mémorisation des informations chez les personnes souffrant de formes légères de déficience cognitive. Cela s'explique probablement par le fait que la méthode des loci fait appel à la répétition élaborative, qui consiste à manipuler l'information en lui donnant un sens et en l'utilisant, plutôt que de se contenter d'étudier une liste et de la répéter.

Acronymes et acrostiches

Les acronymes constituent le type de stratégie mnémotechnique le plus familier, celui que vous connaissez sans doute assez bien. Ils utilisent une formule simple d'une lettre pour représenter chaque mot ou phrase à retenir. Pensez à la NBA, qui signifie National Basketball Association (Association nationale de basket-ball). Alors qu'un acronyme est un mot formé à partir des premières lettres ou groupes de lettres d'un nom ou d'une phrase, un acrostiche est une série de lignes dont certaines lettres (comme les premières lettres de toutes les lignes) forment un mot ou une phrase. Ces acrostiches peuvent ensuite être utilisés comme moyens mnémotechniques en prenant les premières lettres des mots ou des noms à retenir et en créant un acronyme ou un acrostiche. Prenons l'exemple des planètes du système solaire. Si vous devez vous souvenir de l'ordre des huit planètes qui gravitent autour du soleil, de la plus proche à la plus distante, vous pouvez vous souvenir de la phrase suivante : *Marie Viendras-Tu Manger Jeudi Sur Une Nappe ?* La première lettre de chaque mot correspond à une planète : Mercure, Vénus, Terre, Mars, Jupiter, Saturne, Uranus, Neptune. Il en existe des dizaines, à vous de choisir celle qui vous parle le plus. Un acrostiche très célèbre utilisé en cours de grammaire est *Mais où est donc Ornicar ?*, qui énonce les différentes conjonctions de coordination : mais, où, et, donc, or, ni et car.

Rimes et musique

Les rimes peuvent être utilisées comme moyen mnémotechnique pour nous aider à apprendre et à nous rappeler des informations. Une rime est un dicton dont le son terminal est similaire à la fin de chaque ligne. Les rimes sont plus faciles à mémoriser parce qu'elles peuvent être stockées par encodage acoustique dans notre cerveau. La capacité à mémoriser et à se souvenir de ce type de phrases est souvent due en partie à la répétition et en partie à la rime. Pensez aux comptines que vous avez chantées dans votre enfance. Vous pouvez réarranger les mots ou les remplacer par des mots différents ayant la même signification pour les faire rimer. Cette phrase reste dans nos mémoires parce que nous l'avons entendue plusieurs fois (répétition), et aussi à cause des rimes qu'elle contient. Vous pouvez également utiliser la musique pour encoder l'information dans votre cerveau. Vous souvenez-vous de la chanson de l'alphabet que vous avez apprise lorsque vous étiez enfant ? Il est prouvé que la musique nous marque à long terme, alors faites une recherche en ligne et vous verrez qu'il existe de nombreuses chansons qui vous aideront à apprendre certaines informations, des capitales d'état aux pays d'Afrique, et bien plus encore !

Regroupement et organisation

Le regroupement d'informations est une stratégie mnémotechnique qui consiste à organiser les informations en groupes, phrases, mots ou chiffres plus faciles à retenir. Plus simplement, il s'agit d'un moyen de décomposer des informations plus importantes en morceaux plus petits et mieux organisés, plus faciles à gérer. Aux États-Unis, c'est ce que font nos numéros de téléphone, ce qui nous permet de nous en souvenir plus facilement. Si vous devez mémoriser un long numéro de téléphone, 123456789101112 (et il n'est pas si facile à mémoriser parce que les chiffres et nombres sont dans l'ordre), il vous faudra probablement faire un effort pour vous en souvenir. En revanche, si vous le décomposez en éléments plus digestes, tels que 12345 6789 101112, il sera alors plus facile de s'en souvenir. Le regroupement a également été étudié comme un moyen d'aider les personnes aux premiers stades de la maladie d'Alzheimer à améliorer leur mémoire de travail verbale.

Dans le même ordre d'idées, l'organisation des informations en catégories objectives ou subjectives facilite la mémorisation. L'organisation objective consiste à classer les informations dans des catégories logiques et bien connues. Par exemple, les arbres et l'herbe sont des plantes, et un grillon est un insecte. L'organisation subjective, quant à elle, consiste à classer des éléments apparemment sans rapport les uns avec les autres d'une manière qui permet de s'en souvenir plus tard en leur attribuant une signification, par exemple les arbres, l'herbe et les grillons sont des éléments que l'on peut trouver dans une prairie. Cela peut s'avérer utile car cela permet de réduire la quantité d'informations à apprendre. Si vous pouvez diviser une liste d'éléments en un nombre réduit de catégories, vous n'aurez plus qu'à vous souvenir des catégories qui vous serviront de repères de mémoire à l'avenir. Un exemple de cette méthode est l'association de la conduite d'un vélo à l'apprentissage de la conduite d'une voiture.

Mots clés

Si vous étudiez une deuxième, voire une troisième ou une qua-
trième langue, l'utilisation de la méthode mnémotechnique
des mots-clés améliorera considérablement votre apprentissage et votre mémorisation. Un mot-clé mnémotechnique est
une stratégie de répétition élaborée qui permet d'encoder les
informations plus efficacement, car elle attribue une signification au contenu que vous essayez de mémoriser. Un mot-clé
mnémotechnique comporte deux étapes. Vous devez d'abord
choisir un mot-clé qui ressemble légèrement au mot que vous
essayez d'apprendre, puis vous former une image mentale de
ce mot-clé comme étant, d'une manière ou d'une autre, lié au
nouvel élément d'information. Des études ont montré que
la visualisation et l'association déclenchent le rappel du mot
correct. Supposons que vous appreniez l'anglais et que vous
souhaitiez mémoriser le mot « to speak ». Chaque fois que
vous pensez à ce mot, associez-le à une perle qui sort de votre
bouche. En le visualisant de cette façon, lorsque vous verrez *to
speak*, vous penserez à la perle dans votre bouche et vous vous
souviendrez de la signification de *to speak* en anglais.

Liens et connexions

La méthode de liaison des moyens mnémotechniques consiste
à élaborer une histoire ou une image qui relie les éléments
d'information dont vous devez vous souvenir. Chaque élément
vous amène à vous souvenir de l'élément suivant. Par exemple,
vous savez que vous devez apporter vos lunettes, vos clés,
votre carnet de notes, votre déjeuner et votre portefeuille au
travail tous les jours, vous pouvez donc imaginer une petite
histoire qui vous aidera à vous souvenir de tout. Le carnet de

Jill a besoin de clés spéciales pour ouvrir ses lunettes, dont elle a besoin pour voir son portefeuille affamé qui contient son déjeuner. Si vous ajoutez de l'humour à l'histoire, vous vous souviendrez encore plus facilement de ce type d'informations. Une stratégie similaire consiste à établir des liens significatifs avec quelque chose qui vous est déjà familier ou que vous connaissez. Ce type de lien est une autre forme de répétition élaborée que j'ai mentionnée plus haut. Par exemple, si vous rencontrez un homme nommé Ned et que vous remarquez qu'il est inhabituellement amical, vous vous souviendrez de son nom. Pour vous aider à vous souvenir de son nom, vous pouvez l'appeler Ned le voisin ou Ned l'amical, de sorte que la prochaine fois que vous le verrez, vous vous souviendrez plus facilement de son nom.

Plus vous pouvez relier de nouveaux concepts à des idées que vous comprenez déjà, plus vous apprendrez rapidement de nouvelles informations. La mémoire joue un rôle central dans notre capacité à effectuer des tâches cognitives complexes, telles que l'application de connaissances à des problèmes que nous n'avons jamais rencontrés auparavant et l'établissement de conclusions à partir de faits que nous connaissons déjà. En trouvant des moyens d'adapter les nouvelles informations aux connaissances préexistantes, vous découvrirez des couches supplémentaires de sens dans le nouveau matériel. Cela vous aidera à mieux le comprendre fondamentalement et à vous en souvenir plus précisément. Lorsque vous reliez le nouveau à l'ancien, vous vous dotez de crochets mentaux auxquels vous pouvez accrocher les nouvelles connaissances.

Quelle que soit la manière dont vous utilisez les moyens mnémotechniques pour améliorer votre mémoire, gardez à l'esprit que vous devez faire appel à l'imagination, à l'association et à la localisation. Si vous créez des images attrayantes et vivantes, vous aurez plus de chances de vous souvenir de ces informations. De même, votre cerveau veut relier des idées. Il cherche constamment à associer des éléments d'information. Si vous le pouvez, reliez donc des concepts entre eux pour vous souvenir de nouvelles données. La localisation est également un excellent moyen d'intégrer de nouveaux éléments dans votre mémoire, car vous avez déjà beaucoup de connaissances sur les lieux que vous connaissez.

Vous devez également vous souvenir des techniques d'apprentissage dont j'ai parlé dans les chapitres précédents et qui vous aideront à accélérer votre apprentissage et à le retenir plus longtemps. Vous souvenez-vous que les images activent notre apprentissage bien plus que les informations verbales ou écrites ? Nous savons reconnaître les images et nous pouvons facilement en inventer d'autres pour guider notre mémoire. Si vous devez vous souvenir d'une tâche à accomplir dans le futur, essayez de créer une image mentale vivante de ce qui se passera réellement. Lorsque vous rencontrez quelqu'un de nouveau, passez quelques secondes à imaginer quelque chose à son sujet qui pourrait vous rappeler visuellement son nom. Quoi qu'il en soit, l'attribution d'images et de significations vous sera d'une aide précieuse pour vous souvenir. L'utilisation de stratégies mnémotechniques peut donner à votre mémoire le coup de pouce dont nous avons tous besoin et améliorer votre efficacité dans l'apprentissage. Gardez à l'esprit qu'il vous faudra peut-être pratiquer quelques-unes de ces stratégies avant qu'elles ne vous viennent facilement, mais une fois que vous les aurez assimilées, elles devraient vous accompagner à long terme.

Créez des palais de mémoire

Un palais de mémoire porte la méthode des loci à un niveau supérieur. Ce moyen mnémotechnique consiste à penser à un endroit imaginaire dans votre esprit où vous pouvez stocker des images spécifiques et significatives. Le type de palais de mémoire le plus courant consiste à faire un voyage ou un parcours dans un endroit que l'on connaît bien, comme un bâtiment, une ville ou une route. Le long de ce chemin, il y a des endroits spécifiques que vous avez l'habitude de toujours visiter et qui sont également dans le même ordre. Considérez votre palais de mémoire comme un endroit que vous pouvez facilement visualiser et dans lequel vous stockez des informations nouvelles ou importantes. Vous associerez un voyage ou un chemin de mémoire à un voyage ou un chemin réel.

Choisissez d'abord un endroit que vous connaissez bien, comme votre domicile ou votre lieu de travail. Refaites connaissance avec cet endroit si nécessaire. Il se peut que vous deviez en faire le tour plusieurs fois ou encore prendre des photos. Essayez de visualiser l'ensemble du lieu. Il n'est pas nécessaire que ce soit dans les moindres détails, il suffit que vous puissiez vous orienter et vous déplacer dans l'espace dans votre esprit. Visitez l'endroit aussi souvent que nécessaire pour y parvenir mentalement. Une fois que vous l'avez fait, vous pouvez commencer à planifier ou à tracer votre itinéraire. Celui-ci doit avoir un point de départ et un point d'arrivée. Par exemple : le bas des escaliers, le haut des escaliers, le placard, le couloir, les chaussures devant la porte de votre chambre, la salle de bains, la douche, et ainsi de suite, jusqu'à ce que vous trouviez un point final logique. Vous pourrez réviser votre palais de mémoire après l'avoir testé plusieurs fois, alors ne vous inquiétez pas si votre palais n'est pas parfait du premier coup. Si vous avez beaucoup à apprendre, vous ferez plusieurs palais de mémoire différents.

Vous devrez ensuite trouver un endroit différent où vous pourrez vous détendre et visualiser réellement l'endroit que vous avez choisi pour votre itinéraire. Entraînez-vous à suivre votre itinéraire plusieurs fois, d'abord vers l'avant, puis vers l'arrière. N'oubliez pas que vous pouvez toujours le modifier si vous constatez des problèmes à un endroit ou à un autre. Lorsque vous avez établi votre itinéraire, vous devez assigner certaines stations (ou loci) où vous stockerez les nouvelles informations. Chaque locus doit être unique et servir d'image distincte que vous ne voulez pas confondre avec d'autres stations le long de votre itinéraire. Revenez en arrière le long de votre itinéraire et assurez-vous que les endroits que vous avez choisis sont uniques. Encore une fois, entraînez-vous à faire cela en avant et en arrière, afin de bien connaître votre parcours.

Maintenant que vous avez préparé votre palais de mémoire et votre itinéraire, et que vous avez sélectionné vos stations, vous pouvez commencer à y assigner de nouveaux apprentissages. Prenez une liste de ce que vous voulez mémoriser, comme une liste de courses ou des mots de vocabulaire clés que vous voulez apprendre. Prenez un ou deux éléments à la fois et placez-en une image mentale dans chaque locus de votre palais de la mémoire. Essayez d'en faire quelques-uns à la fois et de vous entraîner au fur et à mesure, afin de commencer à associer votre liste à votre itinéraire. Vous pouvez également essayer d'exagérer les images des objets pour les faire interagir avec le lieu. Par exemple, si le premier élément de votre liste à mé-

moriser est une pomme et que le premier locus de votre palais
de mémoire est la porte d'entrée, imaginez une pomme géante
franchissant votre porte d'entrée. Parce que nous sommes des
apprenants visuels, le fait de donner vie à vos images mné-
moniques par le biais de vos sens améliorera votre capacité à
les mémoriser. L'exagération des images et l'humour vous aideront toujours à vous en souvenir à l'avenir. Gardez à l'esprit
que vous pouvez également utiliser la répétition espacée pour
faire entrer ces informations dans votre mémoire à long terme.
La répétition espacée, également appelée la pratique d'étude
distribuée (dont j'ai parlé plus haut dans ce livre), est une technique d'apprentissage que vous pouvez utiliser et qui consiste
à augmenter les intervalles de temps entre les révisions d'une
nouvelle matière, afin de renforcer votre capacité de mémorisation.

Une stratégie solide de palais de mémoire est, sans aucun
doute, le moyen le plus efficace d'étudier. Leur utilisation est
attestée dans l'histoire depuis plus d'un millier d'années, et ils
ont même, très probablement, été utilisés à l'époque des chas-
seurs-cueilleurs. Les palais de mémoire sont utilisés par les ath-
lètes mentaux lors de concours de mémoire (où les participants
réalisent des prouesses comme mémoriser un jeu de cartes mé-
langé et ainsi de suite en seulement quelques minutes), ainsi
que pour le travail scolaire et l'apprentissage, même pour mémoriser un livre entier. En tant que technique de mémorisation, elle déverrouille votre mémoire et cartographie spatiales.
Plus vous créez et utilisez les palais de mémoire, plus ils déver-
rouillent de multiples niveaux et couches de mémoire que vous
pouvez utiliser pour apprendre plus rapidement. Ces niveaux
de mémoire comprennent : la mémoire autobiographique, la

mémoire épisodique, la mémoire sémantique, la mémoire procédurale, la mémoire figurative, etc. Chacun de ces niveaux est déverrouillé grâce à cette stratégie de mémorisation qui est consacrée à l'amélioration de votre mémoire au fur et à mesure que vous étudiez. Elle rendra vos sessions d'étude beaucoup plus rapides et puissantes.

Résumé du chapitre

L'amélioration de la mémoire commence par l'élément le plus important dans l'apprentissage d'une nouvelle compétence : le sommeil. Le sommeil favorise la consolidation de la mémoire et améliore notre capacité à nous souvenir de ce que nous avons appris pendant la journée. Il peut renforcer notre mémoire et constitue un outil d'apprentissage irremplaçable. Si votre emploi du temps actuel ne vous permet pas de dormir les sept à huit heures recommandées chaque nuit, trouvez un moment où vous pourrez donner la priorité au sommeil. C'est si important ! Les moyens mnémotechniques sont des raccourcis simples qui nous permettent d'associer l'information que nous voulons retenir à une image, une phrase ou un mot. Un palais de mémoire est un type particulier de dispositif mnémotechnique qui consiste à imaginer un endroit dans notre esprit où l'on stocke des images spécifiques et significatives pour nous aider à nous souvenir de concepts complexes. Il s'agit dans les deux cas d'outils mnémotechniques que vous pouvez utiliser pour améliorer votre mémoire. Dans le prochain chapitre, je présenterai ce que vous pouvez faire si vous avez besoin de bachoter.

Chapitre neuf

Comment bachoter (quand il le faut)

Soyons réalistes : nous ne faisons de nuit blanche que lorsque nous nous sommes laissés dépasser. Des chercheurs en sciences cognitives ont mené étude après étude pour démontrer que le bachotage ne nous aide pas à apprendre à long terme. En essayant de faire entrer toutes ces nouvelles informations dans notre cerveau, nous utilisons (et sur-utilisons) notre mémoire à court terme. Rappelez-vous qu'avec l'apprentissage à long terme, nous avons besoin de notre mémoire à long terme pour nous aider à nous rappeler et à retenir la plupart des faits.

La mémoire à court terme a tendance à s'estomper rapidement, de sorte que si nous ne réutilisons pas ces informations rapidement, elles disparaîtront en l'espace de quelques minutes à quelques heures. Le bachotage, en général, ne permet pas à ces nouvelles informations de passer de la mémoire à court terme à la mémoire à long terme, ce qui est essentiel pour obtenir de bons résultats au fil du temps. N'oubliez pas que la meilleure méthode d'étude consiste à fractionner les tâches, et qu'il est toujours préférable de commencer tôt, à la fois tôt dans l'apprentissage et tôt dans la journée. Des études montrent que notre horloge biologique a tendance à nous préparer à être plus performants pendant la journée et le matin que plus tard dans la journée. Il est généralement plus recommandé d'étudier tôt le matin que tard le soir.

À notre époque, nous sommes tous confrontés, volontairement ou non, au manque de sommeil à un moment ou à un autre de notre vie. Il y a des jours où les responsabilités semblent infinies. Des études ont montré que rester éveillé toute la nuit n'est pas bénéfique pour vos habitudes d'études. En fait, vous travaillerez mieux le lendemain si vous avez passé une bonne nuit de repos. Notre cerveau perd de son efficacité en cas de manque de sommeil. Ainsi, au lieu de rester éveillé toute la nuit et de manquer la quantité de sommeil recommandée (les experts suggèrent entre sept et neuf heures), il est préférable de reposer votre cerveau et de vous réveiller tôt pour une session d'étude de dernière minute. Le bachotage, en général, nous submerge, nous frustre et nous amène à nous poser des questions auxquelles nous ne pouvons généralement pas répondre sous la pression. Par où commencer ? Comment commencer ? Vous vous sentirez encore plus dépassé que vous ne devriez l'être, alors essayez de l'éviter.

Néanmoins, nous nous retrouvons tous de temps en temps dans une situation où nous essayons de rattraper rapidement des informations ou un projet, alors même que le temps presse. Si l'impensable se produit et que vous vous retrouvez la veille d'un examen ou d'une présentation importante, confronté à la perspective de devoir passer une nuit blanche, vous pouvez encore faire certaines choses pour augmenter vos chances de réussite.

Tout d'abord, ne paniquez pas. Si vous êtes dans un état d'esprit très stressé, votre concentration sera réduite à néant, essayez avant tout de vous détendre. Si cela peut vous aider, essayez de méditer ou de faire une petite promenade avant de commencer votre session de bachotage. Une fois que vous êtes dans un bon état d'esprit, assurez-vous d'avoir toutes vos notes et tous vos livres avec vous. Tu n'auras besoin de tes livres que pour chercher quelque chose. En général, tu voudras utiliser tes notes pour t'en tenir aux éléments essentiels dont tu devras te souvenir. Ayez un crayon ou un stylo, un carnet de notes ou un bloc-notes et des surligneurs de couleur à portée de main au cas où vous en auriez besoin. Plus important encore, éteignez vos réseaux sociaux. Cette forme d'addiction ne servira qu'à vous distraire et à rendre votre séance de bachotage inefficace. Faites une pause sur Facebook, mettez votre téléphone en silencieux, éteignez la télévision et préparez-vous à vous concentrer. Vous allez avoir besoin de toute votre énergie pour vous concentrer sur le contenu que vous essayez d'apprendre à la dernière minute.

Travaillez maintenant à diviser votre support d'étude en éléments plus digestes. Si vous avez un examen à venir basé uniquement sur un livre et que vous avez procrastiné tout le semestre et n'avez pas fait les lectures demandées, concentrez-vous sur ce que vous avez vraiment besoin de savoir. Regardez les chapitres et retenez trois choses par chapitre. Il s'agit essentiellement de se concentrer sur les grandes idées et les détails clés. Comme vous êtes officiellement en train de bachoter, votre apprentissage a une durée de vie limitée. Vous voulez vous en tenir à l'essentiel et dégager les idées principales, car ce sont les points les plus susceptibles de tomber à l'examen. Votre énergie est limitée, vous devez donc la diriger vers les titres, les dates, les passages, le vocabulaire ou encore les thèmes clés. Filtrez tout le reste.

Vous pouvez utiliser un guide d'étude comme base de votre bachotage. Mieux encore, si vous n'en avez pas, vous pouvez en créer un. Ce guide vous aidera à filtrer les documents dont vous disposez pour en tirer des informations sur lesquelles vous pourrez vous concentrer. Il n'a pas besoin d'être soigné ou parfait. Écrivez-le, lisez-le à haute voix et révisez-le si nécessaire. Vous pouvez même demander à un camarade de vous donner son avis ou l'utiliser comme guide pour un groupe d'étude. Enseigner la matière à d'autres vous aidera à mieux retenir les informations.

Le bachotage consiste à trouver un bon rythme. Si cela peut vous aider, réglez un minuteur pour diviser le bachotage en plusieurs sections. L'utilisation d'un minuteur vous aidera à trouver un bon rythme d'étude. Si vous étudiez pendant huit heures d'affilée, vous avez plus de chances de vous endormir pendant votre examen que de le réussir. Je recommande de diviser le temps d'étude en cinq séquences. Toutes les cinq séquences d'étude, accordez-vous une séquence de ce que vous voulez. Par exemple, si vous étudiez pendant cinq séquences de dix minutes, faites une pause de dix minutes pour jouer au football, écouter de la musique, prendre une collation ou quelque chose de similaire. C'est à vous de choisir, mais accordez-vous une pause agréable, puis remettez-vous au travail.

Si vous vous êtes déjà inquiété de savoir si les informations que vous avez assimilées pendant une session de bachotage allaient rester dans votre mémoire, sachez que des recherches suggèrent qu'une brève séance d'exercice physique pourrait en fait contribuer à les consolider. Une étude a montré que les étudiants qui pratiquaient une activité physique modérée, telle que la course à pied, après une période d'apprentissage (y compris le bachotage d'un examen) obtenaient de meilleurs résultats que s'ils s'étaient contentés de bachoter.

La nature active de l'exercice physique aide le cerveau à retenir les nouvelles informations et à s'en souvenir au moment souhaité, ce qui n'est pas le cas d'une activité passive, telle qu'un jeu vidéo. L'hormone du stress, le cortisol, est connue pour avoir un impact sur la rétention de la mémoire. Dans certaines circonstances, le cortisol peut nous aider à nous souvenir de certaines choses, alors que dans d'autres, il altère notre mémoire. Il existe deux types de stress : le stress psychologique et le stress physique. Les chercheurs pensent que l'activité physique, comme la course à pied, libère des substances chimiques qui améliorent la rétention de la mémoire. Les chercheurs recommandent également de parler à voix haute pendant le bachotage, afin de faire appel à la mémoire auditive lorsque vous réapprenez (ou apprenez simplement) un contenu important. Faites des mouvements de main, prenez des voix amusantes, faites les cent pas dans votre appartement. En définitive, faites tout ce qu'il faut pour vous maintenir dans un état d'apprentissage actif.

Lorsque vous bachotez pour votre examen, votre présentation ou autre, vous devez fixer une heure de fin afin d'avoir la motivation nécessaire pour terminer, mais aussi pour pouvoir donner la priorité au sommeil à un moment ou à un autre. Si vous avez besoin d'une motivation supplémentaire, offrez-vous une récompense à la fin de cette période. Il peut s'agir de votre repas de sushis préféré, d'une glace, d'un chocolat ou d'un verre de vin. L'essentiel, c'est que vous ne puissiez pas l'avoir avant d'avoir fini d'étudier. Les échéances et les récompenses vous aideront à rester sur la bonne voie. Si vous êtes un adepte des régimes, mangez des carottes et du houmous à la place. Quoi qu'il en soit, fixez-vous un objectif personnel qui vous aidera à avancer sans stagner ni vous enliser.

Résumé du chapitre

Le bachotage nous fait nous sentir dépassés et frustrés, et n'est généralement pas recommandé. Il y a cependant quelques mesures à prendre si vous vous retrouvez dans cette situation. Elles consistent à diviser votre support d'étude en éléments plus digestes. Concentrez-vous uniquement sur ce que vous avez vraiment besoin de savoir. Regardez les chapitres clés, les titres ou les notes, et retenez les idées principales et les détails fondamentaux. Tenez-vous-en à l'essentiel. L'exercice physique aidera également votre cerveau à retenir ces nouvelles informations et à s'en souvenir plus facilement, alors allez courir entre deux séances de bachotage. Enfin, et surtout, donnez la priorité au sommeil. C'est la meilleure chose que vous puissiez faire pour vos performances. Dans le dernier chapitre, je vous donnerai des conseils sur la manière d'entraîner votre cerveau à rester concentré.

CHAPITRE DIX

Entraînez votre cerveau à rester concentré

S i vous êtes comme moi, vous avez des jours où vous avez l'impression que tout arrive en même temps. C'est comme si vous n'arriviez pas à penser correctement, ni même à élaborer un plan, parce que tout vous tombe dessus en permanence. La liste des choses à faire ne semble jamais s'arrêter. Dans ces moments-là, il est d'autant plus important de s'organiser et de ralentir. Le fait de donner la priorité à cela plutôt qu'à votre liste de tâches vous aidera à vous mettre sur la bonne voie et, à long terme, vous permettra de régler les problèmes plus rapidement. Les personnes productives consacrent souvent quelques minutes chaque matin à l'organisation de leur journée. Elles consultent leur calendrier, établissent une liste de priorités, se fixent des rappels tout au long de la journée, et ainsi de suite. Dans de nombreux cas, les personnes les plus productives augmentent également leur productivité en résistant à la tentation d'être constamment à la disposition des autres. Alors, comment faire pour ressembler davantage aux personnes productives ? J'ai trois recommandations clés que je détaille ci-dessous et qui vous aideront à entraîner votre cerveau à rester concentré.

Attention aux distractions numériques

Dans le monde d'aujourd'hui, nous sommes de plus en plus bombardés de distractions dans notre travail. Des études ont montré qu'il faut parfois plus de vingt minutes pour ramener son attention sur une tâche interrompue. Les appels téléphoniques incessants, les courriels et les collègues qui s'arrêtent pour discuter ou pour poser une question « rapide » peuvent sérieusement perturber notre train de pensée et notre flux de travail. Les personnes les plus productives se réservent des plages horaires spécifiques pour répondre aux courriels, aux appels et aux SMS, afin de gagner en efficacité. Cela peut demander un peu d'adaptation de la part des collègues ou des clients, mais avec une bonne communication, ces horaires sont possibles.

Internet fournit aux apprenants toute une série d'outils de recherche utiles qui présentent de nombreux avantages en termes d'apprentissage et de recherche. Cependant, des études indiquent que les enseignants craignent que ces types de technologies ne créent des générations d'apprenants plus facilement distraits, dont la durée d'attention soit plus courte. Certains pensent même qu'elles distraient plus qu'elles n'aident les élèves sur le plan scolaire, que les aspects négatifs l'emportent sur les aspects positifs. Pour beaucoup d'étudiants, « recherche » et « Google » sont synonymes. Pour eux, le processus de recherche est passé d'une méthode relativement lente de curiosité intellectuelle et de découverte à un exercice beaucoup plus rapide, à court terme, dont l'objectif final est de trouver juste assez d'informations pour terminer un travail. Certains enseignants ont indiqué qu'ils craignaient que leurs élèves deviennent trop dépendants des moteurs de recherche et qu'ils aient du mal à déterminer la qualité des sources qu'ils découvrent, ce qui affecterait les taux d'alphabétisation et aurait des conséquences durables sur la capacité d'attention, le développement de la gestion du temps et la capacité de réflexion critique. De nombreux enseignants ont également indiqué que, bien que leurs élèves aient été élevés à l'ère du numérique, ils manquent étonnamment de compétences en matière de recherche en ligne, notamment de patience et de détermination dans la recherche d'informations difficiles à trouver.

Les répercussions du recours à l'apprentissage numérique sont plus critiques pour les jeunes apprenants que pour les apprenants adultes, mais il est tout de même important de les noter. Quel que soit l'âge, une surexposition à la technologie peut entraîner un manque de concentration et une diminution de la capacité à retenir les connaissances. Pour les apprenants adultes, ces résultats devraient surtout servir d'avertissement pour ne pas trop se laisser entraîner dans le monde numérique lorsqu'ils essaient d'apprendre quelque chose de nouveau. Internet et les technologies connexes sont si immédiats qu'ils nuisent à notre contrôle de l'attention. Le contrôle attentionnel est notre source d'attention dans notre esprit. Il nous aide à rester conscients (ou alertes), à traiter et à orienter les informations provenant des données sensorielles et à résoudre les incohérences ou les conflits dans notre apprentissage. Les effets de l'anxiété sur le contrôle attentionnel sont essentiels pour comprendre la relation entre l'anxiété et les performances. En général, les études ont montré que l'anxiété inhibe notre contrôle attentionnel sur une tâche spécifique en réduisant l'efficacité de notre traitement. Les distractions numériques fonctionnent de la même manière.

Si vous vous demandez quel est le rapport avec votre apprentissage, la réponse est : tout. La capacité de votre cerveau à rester concentré et à accomplir sa tâche détermine en fin de compte votre capacité à apprendre quelque chose de nouveau. Ce n'est que lorsque vous serez capable de vous concentrer pleinement que vous pourrez vous consacrer à votre apprentissage. Vous constaterez que vous pouvez retenir les informations beaucoup plus facilement lorsque votre cerveau n'est pas constamment distrait. Avoir les idées claires fera toute la différence. Vous devrez en venir à considérer les blocs de temps que vous réservez à l'apprentissage comme sacrés par rapport à tout le reste (à l'exception, bien sûr, des situations d'urgence). Vous voudrez à un moment donné réserver du temps dans votre journée pour vous consacrer exclusivement à votre apprentissage. Vous devez vraiment vous astreindre à le faire, car nous avons tendance à céder facilement aux distractions.

Il peut être difficile de savoir par où commencer lorsque l'on s'installe pour apprendre. Il y a une chose que j'aime beaucoup, c'est la pré-lecture, en fonction de l'objet de l'apprentissage, bien sûr. Je trouve que c'est un excellent moyen d'initier son cerveau à un nouvel apprentissage, de l'intéresser au sujet et de le préparer à l'apprentissage qui l'attend. La pré-lecture est le processus qui consiste à parcourir un texte pour trouver les idées clés avant de lire attentivement un texte ou un chapitre d'un texte du début à la fin. On l'appelle aussi « prévisualisation » ou « sondage », mais dans tous les cas, l'idée est la même. Il s'agit d'une sorte de lecture d'inspection qui vous permet d'utiliser certains repères, tels que la table des matières ou les titres des chapitres, comme une feuille de route pour votre apprentissage. Cela vous donnera une vue d'ensemble qui augmentera votre vitesse de lecture et votre efficacité. D'une manière générale, vous devez jouer un rôle actif dans votre lecture afin de mieux retenir les informations. Réfléchissez en lisant et en pré-lisant. Regardez les titres, les sous-titres, les débuts de chapitre, les introductions, les résumés de chapitre, les en-têtes, les questions d'étude et les conclusions. Vous pouvez même consulter l'index, si le livre en comporte un, afin de connaître l'éventail des sujets abordés, ou lire l'annonce de l'éditeur.

La pré-lecture vous aidera à avoir une vue d'ensemble et à comprendre l'objectif global de la lecture à venir, afin que vous puissiez concentrer votre attention sur les concepts qui comptent vraiment. Cela augmentera votre capacité à comprendre le matériel que vous étudiez. Dans de nombreux cas, le fait de prendre seulement quelques minutes pour lire à l'avance peut vous aider à mieux comprendre et à mieux retenir. Pensez-y : si vous développez votre compréhension de la vue d'ensemble avant même de commencer à lire le texte, vous disposez d'un cadre conceptuel déjà en place. Lorsque vous rencontrerez un nouveau détail ou un nouvel élément de preuve au cours de votre lecture, votre esprit saura mieux quoi en faire et comment l'organiser.

Au cours de la pré-lecture, posez-vous la question suivante : quels sont les indices que le texte me donne pour mon apprentissage futur ? Comment puis-je appliquer ce que je sais déjà à ce que je vais apprendre ici ? Quel est l'objectif de l'auteur en me disant cela ? Générer ce type de questions au fur et à mesure vous aidera à identifier et à atteindre l'objectif de votre apprentissage. Si, pour une raison ou une autre, vous manquez de temps - par exemple, si vous êtes en train de bachoter pour un examen ou une interrogation à venir - vous pouvez donner la priorité au premier et au dernier paragraphe de chaque chapitre (ou seulement à l'introduction et à la conclusion ou aux résumés des chapitres), tout en gardant à l'esprit le titre de chaque chapitre. Cette méthode ne doit pas se substituer à la lecture effective du document (que vous devrez faire plus tard), mais elle vous permettra d'avoir une vue d'ensemble rapide des thèmes et concepts les plus importants du texte. Si vous voulez aller plus loin, vous pouvez vous envoyer par e-mail votre guide d'étude de pré-lecture et le comparer à vos notes une fois que vous aurez lu le texte. L'envoi d'e-mail en tant que pratique aide en fait à mieux former votre attention. En effet, pour chaque courriel sans rapport avec le sujet que vous avez dans votre boîte de réception, vous pouvez rappeler à votre cerveau ce que vous avez appris précédemment en vous envoyant périodiquement par courriel des résumés de vos notes. Le simple fait d'en faire plus avec l'information sera utile, car vous pourrez la relire avec un regard neuf.

Chaque personne apprend de manière différente. Par exemple, certaines personnes apprennent et retiennent mieux les informations en écoutant de la musique de fond ou une sorte de bruit neutre. Même l'agitation générale d'une conversation dans un café ou d'une zone commerciale animée peut aider certaines personnes à se concentrer sur leur étude. D'autres préfèrent le calme et le silence absolu. Pour l'une ou l'autre de ces catégories d'apprenants, les écouteurs peuvent être utiles, soit pour fournir du son, soit pour l'annuler, ainsi que pour d'autres distractions. C'est à vous de déterminer où vous vous situez sur ce spectre. En ce qui concerne l'écoute de musique pendant les études, les recherches suggèrent que cela dépend du contenu de l'étude. Il a été démontré que la musique (surtout la musique classique) stimule la clarté et la concentration lorsqu'elle est diffusée en arrière-plan, en particulier pour les tâches qui ne nécessitent pas d'assimiler beaucoup de contenu complexe. Les tâches qui vous obligent à suivre plusieurs informations à la fois tout en les traitant sollicitent fortement votre mémoire de travail et peuvent donc entraver votre apprentissage. Quoi qu'il en soit, les effets positifs de la musique de fond ont été constatés et il peut être intéressant de l'essayer si vous avez du mal à vous concentrer.

Une autre découverte clé des chercheurs en sciences cognitives est l'importance de boire de l'eau pendant l'apprentissage. Une hydratation suffisante présente un certain nombre d'avantages. L'eau est bénéfique pour la peau et le système immunitaire, et permet à l'organisme de fonctionner de manière optimale. Il est intéressant de noter que l'hydratation est également essentielle pour améliorer nos capacités cognitives et peut même nous rendre plus intelligents. Une étude importante a montré que les étudiants qui emportaient (et buvaient) de l'eau dans une salle d'examen obtenaient de meilleurs résultats que ceux qui n'en buvaient pas. La déshydratation, en revanche, peut sérieusement affecter le fonctionnement de notre cerveau. Lorsque vous ne buvez pas d'eau, vous faites travailler votre cerveau plus durement que d'habitude pour accomplir les mêmes tâches.

Utilisez la technique Pomodoro

J'ai déjà abordé la technique Pomodoro dans un chapitre précédent, mais dans le contexte de la surcharge d'informations et de la concentration, elle prend un sens nouveau et amélioré.

Les apprenants peuvent utiliser la technique Pomodoro pour se concentrer tout au long de la journée de travail et au fil du temps. Cette technique consiste à faire des pauses et des sessions de travail chronométrées lorsque l'on travaille sur une tâche, afin de pouvoir se concentrer à nouveau plus facilement et atteindre ses objectifs de travail. Cela vous aidera également à éviter d'être submergé ou distrait dans votre apprentissage. Si vous êtes stressé ou anxieux, votre cerveau ne sera pas en mesure d'emmagasiner et de traiter efficacement les nouvelles informations. La meilleure façon d'éviter ce type de fatigue cérébrale au cours de votre apprentissage est d'accorder une pause à votre cerveau entre deux tâches. Cette pause cérébrale est un état de repos ou une réorientation de l'attention vers une nouvelle activité pendant une courte période. Même une pause de cinq minutes peut soulager la fatigue cérébrale et vous permettre d'accorder à nouveau toute votre attention à votre apprentissage lorsque vous le reprenez.

Des personnes de différents domaines ont utilisé cette technique pour améliorer leur productivité et leur concentration. L'utilisation de la technique Pomodoro vous permettra de vous consacrer pleinement à une tâche, car elle vous donne à la fois la responsabilité et le contrôle de votre emploi du temps d'une manière qui vous maintient organisé et qui vous motive. Elle vous aidera à obtenir de meilleurs résultats en moins de temps. Le principe consiste à diviser votre travail en sessions de vingt-cinq minutes tout au long de la journée. Pendant ces vingt-cinq minutes, vous vous concentrez profondément sur une tâche particulière en vous laissant distraire le moins possible. Ensuite, vous passez à autre chose pendant une pause rapide (généralement d'environ cinq minutes). Vous pouvez répéter ce processus autant de fois que nécessaire au cours d'une journée de travail. Il est préférable de commencer par une ou deux séances par jour avant d'essayer d'en faire trois, quatre ou même cinq. Je vous recommande également de commencer par une durée plus courte (vingt-cinq minutes) avant d'essayer de passer à des durées plus longues (trente-cinq ou même quarante-cinq minutes si vous voulez essayer).

Pendant votre pause, vous pouvez vous lever, vous promener, prendre un en-cas ou parcourir un article dans les journaux avant de vous concentrer à nouveau sur votre travail. Il est préférable de limiter ces pauses à moins de dix minutes. Les experts recommandent vivement de bouger, si possible, pendant cette pause. Des études ont montré que le fait de rester assis (ou même debout) pendant de longues périodes peut augmenter le risque d'un certain nombre de problèmes de santé, notamment le diabète, les maladies cardiaques, les accidents vasculaires cérébraux et la diminution des fonctions cérébrales. En général, il est préférable d'alterner la position assise et la position debout à différents moments de la journée, afin de ne pas faire trop de l'un ou de l'autre. Vous pouvez utiliser vos cinq minutes pour vous étirer, prendre une tasse de café ou faire une petite promenade à l'extérieur du bâtiment. Votre cerveau vous en remerciera !

Si vous avez du mal à entreprendre une tâche importante parce que vous savez qu'elle prendra beaucoup de temps, vous n'êtes pas seul. C'est le cas de la plupart des gens. La technique Pomodoro vous permet de diviser cette tâche en blocs de travail afin qu'elle soit plus facile à assimiler au fil du temps. Elle peut être adaptée à vos besoins d'apprentissage spécifiques.

Ainsi, si vous le souhaitez, vous pouvez fixer une période de travail plus courte pour vous aider à vous préparer progressivement à la tâche. De même, vous pouvez allonger vos pauses si vous estimez que cela vous permet de mieux enclencher vos sessions de travail. Il est également recommandé aux apprenants d'essayer d'estimer le nombre de périodes de travail nécessaires pour achever un projet particulier, afin de mieux le répartir par mois, par semaine, par jour et peut-être même par session de travail. Cela vous aidera inévitablement à vous motiver pour atteindre la ligne d'arrivée. N'oubliez pas de bloquer votre agenda et de désactiver les notifications de votre téléphone afin de limiter les distractions et de rester concentré.

Essayez la méditation

La méditation est une pratique simple que tout le monde peut apprendre, sans frais, sans équipement sophistiqué et sans formation approfondie. Elle est pratiquée depuis des milliers d'années par toutes sortes de personnes. L'une des raisons les plus courantes pour lesquelles les gens essaient de méditer est la réduction du stress et de l'anxiété. Des études ont montré que la méditation réduit le taux de cortisol, l'hormone du stress. Lorsque nous sommes confrontés à une situation stressante, notre taux de cortisol augmente. Il s'agit probablement d'une réaction d'adaptation développée par nos ancêtres pour augmenter leurs chances de survie en période d'incertitude. De nos jours, notre taux de cortisol est influencé par d'autres formes de stress mental qui peuvent avoir des effets physiques néfastes sur nous, tels que la perturbation du sommeil, la dépression et l'anxiété, l'augmentation de la tension artérielle, et qui peuvent contribuer à la fatigue et à la démotivation. La recherche a montré à maintes reprises que la méditation soulage ces symptômes de stress et peut même soulager une variété d'autres conditions liées au stress, telles que le syndrome du côlon irritable ou le syndrome de stress post-traumatique. La méditation peut également réduire les symptômes des troubles anxieux et des problèmes de santé mentale liés à l'anxiété, notamment les attaques de panique, les comportements obsessionnels ou compulsifs et les phobies. À son tour, avec le temps, la méditation contribuera à améliorer les habitudes de sommeil et à réduire les cas d'insomnie, qui sont également induits par le stress. Un effet connexe est la réduction de la tension artérielle, qui diminue non seulement pendant la pratique de la méditation, mais aussi progressivement chez les personnes qui méditent régulièrement. La méditation régulière peut alors réduire la pression sur le cœur et les artères, ce qui contribue à prévenir les maladies cardiaques.

Les distractions que nous offre notre monde font que les activités de pleine conscience comme la méditation sont essentielles pour nous permettre de nous concentrer et de rester concentrés sur nos tâches. Certains de ces outils sont essentiels à notre travail et à notre vie sociale, et il est donc difficile, mais nécessaire, de trouver un équilibre dans leur utilisation. Notre capacité à nous concentrer sur des tâches détermine notre capacité à créer des souvenirs complets. Vous souvenez-vous de la mémoire à court terme et de la mémoire à long terme ? Les souvenirs complets sont le produit d'un apprentissage profond et attentif. Notre manque d'attention aux détails ou notre tendance à vouloir brûler les étapes nous empêchent de nous souvenir d'éléments d'information cruciaux et importants. Une excellente concentration n'est pas nécessairement synonyme d'une meilleure mémoire, mais elle est essentielle pour construire une capacité bien formée et utile à retenir et à se souvenir des informations.

Malheureusement, les obstacles à notre concentration sont plus nombreux que jamais. Le monde saturé de notifications qu'est internet bombarde constamment notre attention de bribes d'informations dont l'utilité varie. Vous devez jouer un rôle actif dans la création de cet équilibre afin de bénéficier d'un environnement de travail idéal et d'atteindre vos objectifs. C'est difficile, car le simple fait de penser à votre courrier électronique ou à vos comptes de réseaux sociaux interrompt votre concentration, de sorte que la seule mise hors ligne peut être insuffisante pour vous permettre de vous concentrer.

Si cela vous semble familier, la méditation pourrait être la solution. On a constaté que la méditation aide à accroître la force et l'endurance de l'attention, la rétention de la mémoire et la résolution de problèmes. Les recherches ont montré qu'une pratique régulière de la méditation peut aider les gens à réorienter et à maintenir leur attention plus longtemps. Cela peut favoriser la créativité dans la résolution des problèmes, ainsi qu'une meilleure gestion des tâches et une meilleure concentration. La méditation est également connue pour améliorer les tendances au vagabondage de l'esprit, à l'inquiétude excessive ou incontrôlable et à l'incapacité à rester concentré ou alerte. Outre l'amélioration de l'attention et de la clarté de la pensée, la méditation peut également contribuer à garder l'esprit jeune et la mémoire intacte en réduisant les risques de perte de mémoire liée à l'âge. Certaines études ont même indiqué que la méditation pouvait inverser ou améliorer partiellement les effets de la démence. Les scientifiques ne savent pas encore exactement pourquoi la méditation a les effets qu'elle a. Cependant, il y a plus que suffisamment de preuves de son utilité pour améliorer notre cognition, notre mémoire et notre concentration. Si vous débutez, voici quelques conseils rapides à garder à l'esprit.

Trouvez toujours un endroit calme pour pratiquer la méditation, afin de minimiser les distractions. Lorsque vous commencerez, votre esprit vagabondera probablement, ce qui constituera une distraction suffisante. Vous pouvez régler un minuteur pour le temps que vous souhaitez consacrer à la méditation. Comme pour la technique Pomodoro, commencez lentement (environ cinq minutes par séance) et augmentez progressivement. Vous n'êtes pas obligé de méditer sur le sol. Vous pouvez le faire sur une chaise, sur votre canapé ou même au lit. Essayez simplement de ne pas vous endormir, car la méditation est une activité d'éveil reposante. L'essentiel est que vous soyez à l'aise pendant la méditation. N'oubliez pas de fermer les yeux et de vous concentrer sur votre respiration. Où sentez-vous votre respiration la plus forte ? Laissez les pensées entrer et sortir de votre esprit sans porter de jugement. Vous n'avez pas à rejeter les pensées ou à vous sentir coupable si vous en avez ; reconnaissez-les simplement et laissez-les partir tout en reportant votre attention sur votre respiration. Si cela vous aide, vous pouvez même penser (ou dire à voix haute) la chose suivante : « Je laisse cette pensée s'en aller et je reviens à ma pratique ». Faites ce qu'il faut pour ramener votre attention là où c'est important. C'est la clé de l'entraînement de votre cerveau. Peu importe ce qui se passe ou ce qui survient au cours de votre parcours de méditation, il est important de ne pas vous juger. Tout ce qui compte, c'est que vous vous consacriez à cette pratique, et ceci est une bonne chose.

Si la méditation en silence ou seul est trop difficile pour vous, vous pouvez essayer l'une des nombreuses méditations guidées. Il existe des vidéos sur Youtube, des applications pour téléphone telles que Headspace et Breathe, ou un certain nombre de guides plus approfondis que vous pouvez trouver dans une librairie. La plupart des recherches sur la méditation suggèrent que pour en tirer le meilleur parti, il faut s'efforcer de méditer le plus régulièrement possible, au moins quatre fois par semaine. Ne vous inquiétez pas, vous pouvez atteindre cette régularité dans votre propre pratique, et vous pouvez y aller doucement. Même si vous ne méditez que dix ou quinze minutes par jour, votre esprit vous remerciera.

Certaines personnes opteront même pour des méditations en marchant, surtout si elles sont novices en la matière. Comme pour les autres formes de méditation, l'essentiel est de suivre sa respiration. Par exemple, chaque fois que vous inspirez et expirez, vous comptez votre respiration. Comptez jusqu'à un nombre aussi élevé que vous le souhaitez et prenez note de tout ce qui vous distrait ou vous fait perdre le compte. Si vous n'aimez pas l'idée de compter votre respiration, vous pouvez également vous concentrer sur la synchronisation de votre respiration avec vos pas lorsque vous marchez. Chaque fois que vous inspirez et expirez, avancez d'un pas. Vous pouvez ensuite faire deux pas par respiration, puis trois, quatre, cinq, six, et ainsi de suite jusqu'à ce que vous vous sentiez trop mal à l'aise. L'objectif est que vous restiez concentré sur votre pratique, et non que vous atteigniez le nombre le plus élevé possible. Vous devez suivre votre instinct et prêter attention à ce qui se passe dans votre corps lorsque vous pratiquez.

Si vous aimez les promenades dans la nature, vous pouvez également vous concentrer sur la synchronisation de votre respiration avec le monde sensoriel qui vous entoure, de manière à donner la priorité à votre lien avec le monde naturel. L'objectif est ici de vous concentrer intensément sur votre respiration et votre corps et sur la manière dont ils interagissent avec le monde au fur et à mesure que vous le traversez. Commencez par les pieds et remarquez comment chaque pied est en contact avec le sol. Qu'est-ce que vous ressentez ? Que remarquez-vous à propos de ce sol ? Sentez votre poids entrer en contact avec l'air et avec vos vêtements. Sentez la température extérieure et remarquez toute sensation persistante sur votre peau. Vous pouvez vous concentrer sur différents sons, images ou odeurs de la même manière. Là encore, l'essentiel est de se concentrer sur sa respiration tout en s'immergeant dans son environnement. En général, vous trouverez le monde incroyablement paisible si vous le considérez comme une réalité physique autour de vous, sans l'analyser ni le juger.

Une fois que vous aurez acquis de l'expérience dans votre pratique de la méditation, vous pourrez essayer d'utiliser des techniques similaires d'immersion et des principes de respiration en lisant, en mangeant ou même en discutant avec d'autres personnes dans un contexte social. Cela vous aidera à être plus impliqué dans votre vie et à être davantage dans l'instant présent. La recherche de cette présence est la fonction première de la méditation. La présence vous aide à vous concentrer, ce qui vous permet d'intégrer davantage d'informations dans votre mémoire. Ce processus est intentionnel et volontaire. La méditation est un outil puissant pour améliorer la concentration et les capacités cognitives générales. Plutôt que de perdre votre temps avec des pensées et des inquiétudes inutiles ou négatives, vous pouvez vous concentrer sur votre être physique dans le moment présent. Vous serez étonné de constater à quel point vous appréciez encore plus la vie lorsque vous méditez. Lorsque vous commencez votre pratique, ne réfléchissez pas trop au processus et ne cédez pas à la paralysie de l'analyse. Concentrez-vous sur l'approfondissement de votre pratique et soyez patient avec vous-même. Avec des séances régulières, vous constaterez des améliorations notables.

Résumé du chapitre

Il n'y a pas de secret en matière de productivité. Il s'agit avant tout d'organiser votre journée d'une manière qui vous convienne. Consultez votre calendrier. Faites une liste des choses à faire. Fixez-vous des rappels. Enfin, et surtout, limitez votre utilisation de la technologie. Pour entraîner votre cerveau, il faut éviter certains stimuli (y compris les distractions numériques) et donner la priorité à ce qui vous permettra de rester sur la bonne voie. La technique Pomodoro est votre meilleure alliée pour y parvenir, tout comme les pratiques de pleine conscience telles que la méditation.

Conclusion

Vous êtes arrivé au terme de votre parcours de lecture, lequel vous a peut-être parfois semblé dense avec beaucoup de choses à traiter. Ne vous inquiétez pas. Vous n'êtes pas obligé de vous souvenir de tout, et vous pouvez toujours revenir sur certains chapitres pour mettre ces leçons en pratique.

Bien que ce livre vous donne une feuille de route pour un apprentissage accéléré, c'est à vous de travailler, d'étudier, de pratiquer et d'obtenir un retour d'information. Quel que soit le sujet que vous étudiez, commencez par comprendre ces principes afin de ne pas rester bloqué dans les détails. L'apprentissage de ces derniers viendra plus tard. Veillez à relier les nouvelles connaissances à celles que vous possédez déjà afin de faciliter la mémorisation et utilisez la technique Pomodoro pour entraîner votre cerveau et maintenir votre concentration. Vous pouvez garder ce manuel à portée de main pour le relire ou vous remémorer les techniques utilisées pour acquérir rapidement vos nouvelles compétences.

Pensez maintenant à un sujet ou à une compétence que vous voulez apprendre. Notez-le et placez-le dans un endroit où vous le verrez tous les jours ! Il est temps de commencer. Nous avons tendance à nous mettre des bâtons dans les roues en réfléchissant trop ou en ne passant pas à l'action. Rappelez-vous : vous vous retenez plus que quiconque dans le monde ne vous retient, ce qui signifie, par ailleurs, que vous seul avez le pouvoir de vous soutenir et de vous aider à atteindre et à apprendre ce que vous avez toujours voulu.

En tant qu'êtres humains, nous pouvons grandir, changer et apprendre à l'infini, et c'est sur ce sentiment que je veux vous quitter. Vous avez tellement de pouvoir et de potentiel. Chaque jour que vous passez à ne pas y croire est un jour que vous perdez. C'est peut-être la fin du livre, mais ce n'est que le début de votre aventure d'apprentissage tout au long de la vie. Tout ce qu'il faut, c'est faire le premier pas. Croyez en vous, croyez que vous pouvez atteindre la grandeur et vous y parviendrez.

www.ingramcontent.com/pod-product-compliance
Lightning Source LLC
Chambersburg PA
CBHW071157120626
46546CB00006B/2309